# 学生 核心素养提升指南

XUESHENG HEXIN SUYANG TISHENG ZHINAN

（第2版）

《学生核心素养提升指南》编委会 ◎ 主编

重庆大学出版社

## 内容提要

研究学生发展核心素养是落实立德树人根本任务的一项重要举措。

本书从探索"四会五有"人才培养与中国学生发展核心素养指标的一致性出发，将学生核心素养归纳为 4 个层次、9 大目标、27 个基本素养点，在充分调研的基础上，遴选出符合学生核心素养提升的 81 条具体指导内容，围绕"是什么、做什么、如何做" 3 个层次，用平实的语言、鲜活的案例为同学们答疑解惑，引导他们不断进行自我调整和正向激励，尽早明晰 4 年大学学习生活的方向，正确规划人生。

本书对大学生的学习生活具有现实指导意义，希望本书能为民办高校学生培养提供方法论的实际指引，为新时代人才培养路径探索提供更多思考。

**图书在版编目（CIP）数据**

学生核心素养提升指南 /《学生核心素养提升指南
》编委会主编. --2 版. -- 重庆：重庆大学出版社，
2021.8
　ISBN 978-7-5689-1776-6

　Ⅰ.①学… Ⅱ.①学… Ⅲ.①大学生—素质教育—研
究 Ⅳ.①G640

中国版本图书馆 CIP 数据核字（2021）第 168579 号

### 学生核心素养提升指南
#### （第 2 版）

《学生核心素养提升指南》编委会　主编
责任编辑：顾丽萍　　版式设计：顾丽萍
责任校对：王　倩　　责任印制：张　策
＊
重庆大学出版社出版发行
出版人：饶帮华
社址：重庆市沙坪坝区大学城西路 21 号
邮编：401331
电话：(023)88617190　88617185(中小学)
传真：(023)88617186　88617166
网址：http://www.cqup.com.cn
邮箱：fxk@cqup.com.cn（营销中心）
全国新华书店经销
重庆共创印务有限公司印刷
＊
开本：890mm×1240mm　1/32　印张：7　字数：189 千
2019 年 9 月第 1 版　2021 年 8 月第 2 版　2021 年 8 月第 3 次印刷
ISBN 978-7-5689-1776-6　定价：39.00 元

# 编委会名单
/BIANWEIHUI MINGDAN/

　　师者，传道授业解惑也。授人以渔，更要授人以道。立德树人是教育的根本任务，高等教育的任务就是培养担当民族复兴大任的时代新人。大学教育不仅要习得一种技能，更要培育一种理想，传承一种文化和精神，塑造品格，提升素养，获得人生发展的动力源泉。

　　全球化和智能化时代，人类的工作和生活方式正在发生巨大的变化。由于技术的进步、生产力的发展，人类正在获得解放，正在从生产，特别是从"机器的奴隶"中解放出来，成为更加"自由"的人，真正成为这个世界的主宰。从这个意义而言，更需要人的完善和充分发展。高等教育更多地开始强调对大学生素养的培养和锻炼，对经历过"高考压倒一切"的中国大学生而言，补上素质教育和训练这一课尤为重要。

　　联合国教科文组织（UNESCO）在 2012 年 8 月发布了 21 世纪核心素养草案，从身体健康、社会情绪、文化艺术、文字沟通、学习方式与认知、数字与数学、科学与技术 7 个学习领域初步确定核心素养的指标体系。

　　经济合作与发展组织（OECD）1997—2005 年广邀学者，进行了为期 9 年的"素养的界定与选择"专题研究，确定了能互动地使用工具、能在异质群体中进行互动、能自律自主地行动等 3 个维度 9 项素养。

　　欧盟（EU）2006 年 12 月通过了关于核心素养的建议案，核心素养包括母语、外语、数学与科学技术素养、信息素养、学习能力、公民与社会素养、创业精神和艺术素养共计 8 个领域，每个领域均由知识、技能和态度 3 个维度构成。

　　2014 年，教育部研制印发了《关于全面深化课程改革落实立德树人根本任务的意见》，提出："教育部将组织研究提出各学段学生发展核心素养体系，明确学生应具备的适应终身发展和社会发展需要的必备品格和关键能力。"2016 年 9 月，中国学生发展核心素养研究成果发布，同时美国、新加坡、日本以及欧盟等国家和国际组织也先后发布了面向 21 世纪、面向世界的核心素养标准或原则，为研究学生核心素养提供了重要的借鉴和参考。

中国特色社会主义进入新时代，中国民办高等教育进入新阶段，民办高校要构建民办高等教育发展的新模式，要找到推动学校发展的新动能，要激发师生员工创造更有价值民办高等教育服务的新动力，这是新时代民办高校面临的新要求，也是在中国特色社会主义新时代对中国高等教育发展做出新贡献的价值体现。

本书以"四会五有"为主要研究内容的人才培养目标与中国学生发展核心素养高度吻合，因此在探索"四会五有"人才培养与中国学生发展核心素养指标的一致性，丰富"四会五有"内涵和意义中进行了广泛研究。最终，将学生核心素养归纳为 4 个层次、9 大目标、27 个基本素养点，并汇编出素养提升指南 81 条。

本书即是从研究成果出发，在充分调研的基础上，遴选出符合学生核心素养提升的 81 条具体指导内容，用平实的语言、鲜活的案例为同学们解疑答惑，引导他们不断进行自我调整和正向激励，尽早明晰 4 年大学学习生活的方向，正确规划人生。

学生核心素养关系图

编　者
2021 年 7 月

# 目 录

/MULU/

## 有吃苦精神之责任担当

## 有创新意识之个性培养

## 有创新意识之思维突破

## 有创新意识之科学精神

## 有创业能力之信息支撑

## 有创业能力之领袖气质

## 有创业能力之全球视野

## 后记

# 会学习之会学善用

　　常言道,学无止境。在我们的生活中,学习不可或缺,但怎么学习,学完又有什么用? 这是存在于现代人之中最普遍的疑问。有的人可能学会了但不会用,有的人甚至就不会学。

　　学习就是走在前人踏平的路上,让我们少些迷茫。伟大的学者们总会将"合适的方法"和"乐趣"与学习结合起来,他们认为只有合适的方法才能助推学习,而不合适的方法则会适得其反。事实也的确如此,适合才是学习路上的指路明灯。

　　学习不仅是为了解决生活的问题,还让我们变得更加优秀。将所学知识运用到实际生活中正是我们学习的初衷。学习这条路漫长而望不到头,也许一路上会有疲惫、会有厌倦,但只要你找对方式、方法,你会发现,学习其实并不是那么无趣。

　　所以,会学习,首先要会学善用。

# 第 1 条　找到适合自己的学习方法

《孟子·公孙丑上》讲道:"故事半古之人,功必倍之,惟此时为然。"这就是我们常说的"事半功倍",借鉴他人的方法或经验确实可以提高我们的做事效率。然而,借鉴的同时找到适合自己的学习方法,更会马到成功。

良好的学习方法能使我们更好地运用自身的才华,而拙劣的学习方法则可能妨碍才能的发挥。适合自己即为良好。爱因斯坦曾说过,一个人若想成功,要具备三个要素:艰苦劳动、正确方法和少说空话。在每个人的学习生涯中,身边总会有一些学习轻松且成绩优秀的同学,于是你询问他的学习方法并加以使用,结果却不尽如人意。是自己不够认真,还是效率不高? 其实,这些都不是根本原因,归根结底,是这个方法不适合你。借鉴他人经验之道固然重要,但不要盲目运用,要取长补短,找到最适合自己的方法,你才能学习得更好。

一个获得奥斯卡奖的最佳动画短片,名为《深坑》。主人公在通往前方的道路上有一个无法逾越的深坑,他预想用推车推来石头填满深坑从而帮助自己通过。一天,他不小心把仅有的手推车推到了深坑里,因此只好用手搬运石头。这时,他见一位大力士正在翻滚着一块巨大的球形石,石头刚好能够卡在深坑的入口处而不掉下去,大力士不费吹灰之力便越过了深坑,并把搭好的路毁掉了。于是他也学着这个巨人去翻滚一个球形石,但是他推得很艰难。这时他看见另一位巨人从身边路过,只是轻轻一跨就越过了深坑。他也想像这位巨人一样试着跨过去,于是他用尽全力,准备冲过去。然而他并没有巨人那样的能力成功跨过深坑,反倒落入了深坑,葬送了性命。这个故事让我们明白,每个人成功的方式各有不同,我们必须找到适合自己的方式慢慢前行,不要寻求所谓的捷径,更不能照搬别人的方式,因为别人的方式也许会让你万劫不复。

沙漠中没有一样的沙砾,树林中没有一样的叶子,天空中没有一样的雪花,每个人都有属于自己的方式。就像长跑一样,每个人都有自己的速度、节奏和方法。有的人善于先爆发后匀速,有的人善于先匀速再爆发,我们要在途中找到适合自己的节奏。学习亦是如此,没有谁比谁的方法更好,找到最适合自己的学习方法,并加以不懈地努力和坚持,你才能有所成就,有所突破。

不读书则愚笨,不思考则浅薄,不多练则生疏,不巧用则愚钝。自己实践得出的经验之道即为巧,适合自己更加重要。一言以蔽之,找到适合自己的学习方法,才能"故事半古之人,功必倍之"。

我们要把自己当成学习的"敌人",必须要了解自己。所谓知己知彼,百战不殆。在学习这场战争中,我们要做的便是了解自身,找到自身的长处,摸索寻找对方的弱点,才能一击即中。掌握自己的学习方法,在学习的道路上才能有所突破、有所成就。

师长寄语

希望同学们时刻牢记"以学为重"。

学生最根本的任务是学习。"业精于勤荒于嬉",大学阶段是成长成才的关键时期,大学的学习内容较中学阶段任务更重、难度更大,教学方法也有本质的区别,更多要依靠同学们的自主研学。因此,同学们必须要学会学习,养成良好的学习习惯,培养学习兴趣,热爱学习,学会正确的思维方法,提高自主研学的能力,才能适应大学的学习生活。要继续发扬只争朝夕、拼搏奋进的精神,全身心投入学习中。认真上好每一堂课,完成好每一道习题,做好每一个实验,学会总结学习方法,不断提高学习效率。

# 第2条　在广泛涉猎中发展一技之长

为什么要在广泛涉猎中发展一技之长？

现在有很大一部分人，属于涉猎广泛但学而不精。我们不反对广泛涉猎，但如果仅是这样，我们又如何能深度思考、探索创新呢？因此，只有当我们在学到的知识技能中找到自己的与众不同，并不断去发展、去升华它，让它成为自己的"一技之长"，这才能算是真正的学习。

进入大学的一个最主要的目的就是学习各种知识，这些知识都是非常广博的，我们应该找出最为擅长的那一个。那么，我们如何能发现"最擅长的那一个"呢？这就要通过学习，在广泛涉猎中找到它。

对于刚进入大学的学生来说，往往有一种误解，认为学习各种知识就是为了应付大大小小的考试。其实，大大小小的考试，既是补"短板"，也是找"长板"。2010年国务院颁布的《国家中长期教育改革和发展规划纲要（2010—2020）》指出，高等教育培养高级专门人才、发展科学技术文化、促进现代化建设。所以，大学生进入大学要明白目标追求，不断夯实专业基础，找到目标方向，不要让应该学到的知识成为"短板"。

"一技之长"是为给自己贴一张合适的"标签"。达·芬奇思想深邃、学识渊博、多才多艺、勤奋多产，他不仅是一位天才科学家、发明家、画家，而且还是一位天文学家、建筑工程师，同时还擅长雕刻、音乐，通晓数学、生理、物理、天文、地质等学科。他博学多才，但是真正让他声名赫赫的还是他的画作。

学以致用是学习的目的。我国古人眼中的学习是"修身、齐家、治国、平天下"。学习知识不仅可以修身齐家，还可以治国平天下。在大学里，我们会学到很多形形色色的知识，学到的专业内容是知识，学到的办公技能是知识，学到的与人相处的技巧也是知识。我们不仅要把这些知识塞进脑子里，还要把它们变成属于自己的东西，找出最擅长的，并让它释放出无限的能量。

✒ 温馨提示

> 常言道，三百六十行，行行出状元，但大部分人进了很多行，却依旧在"状元"外。要涉猎广泛就无法专精，只深研一类又会使知识面狭窄，如何在"广泛涉猎中发展一技之长"？
>
> 也许"跨界"更适合现代人。以人工智能为例，它属于自然科学和社会科学的交叉点，是一门涉及范围颇广的边缘学科，其中包含哲学、认知科学、数学、神经生理学、心理学、计算机科学、信息论、控制论以及不定性论等。正因为如此，人工智能才拥有更为广阔的前景。

# 第3条　用所学知识解决生活实际问题

古话说:书中自有颜如玉,书中自有黄金屋。但是不论我们学了多少知识,不论我们的学历多高,我们最终的目的是学以致用,用所学知识解决实际问题。

毛泽东曾说过,读书是学习,使用也是学习,而且是更重要的学习;学习的目的全在于运用。毛主席学习时非常专注,不会被外界打扰,而且还能创造性地把书本知识运用到生活中去,解决许多难题。

在大学里,我们身边很多同学也正用所学知识去实地帮助别人。大学生参加社会实践活动就是通过所学知识奉献社会、增长才干。社会实践的种类多种多样,可以为每一个有想法的人提供平台,比如医学专业的同学们带上精准的仪器设备,为当地的居民做义诊;艺术专业的同学们可以拿上相机、带上画笔为乡民们拍全家福、画家居像;法律专业的同学们也可以活学活用,为亲朋好友做法律咨询和知识普及。在实践活动中,我们应该主动运用所学到的知识去帮助他人并提高自己。

对书本知识的解读,并与生活实际相结合,能使我们明白书本知识并不是单一枯燥的。如果将学习到的书本知识用到实践中,这些知识就可以被充分地利用。

总之,学到的东西如果只限于理论而不应用于实践就是无用的。实践是认识的目的和归宿,是检验真理的唯一标准,会用知识,才是真的学会了。

学生案例

## 实践让枯燥乏味的知识变得灵动意趣

记得在 2017 年 6 月，家里亲戚向初出茅庐的我咨询法律问题。

简述案情：××段高速公路第 7 标段管理处在雇用甲、乙二人之后，在发放工程款不足的情况下，甲、乙二人为完成施工，迫不得已以自己的名义向贷款公司贷款 500 万元垫付工程款，面临的问题是债权人即贷款公司如何索要借款及利息。

向我询问的亲戚便是贷款公司一方。我当时立刻回想起所学的民法知识，将案件抽象概括为债权人的代位权诉讼，最终亲戚接受了我的建议，并且于当年 11 月底立案并诉讼成功。

帮助家人解决了问题，我当时最大的感受就是书没有白看。"这个世界上唯有两样东西能让我们的心灵感到深深的震撼：一是我们头上灿烂的星空，一是我们内心崇高的道德法则"。选择法学专业，让我对康德这句名言深有感悟。但学习的目的还是解决问题，再深的理论没有用武之地也是无用之才，实践让学习课本变得更有目标性，让枯燥乏味的知识变得灵动意趣。

刘蒙西

# 会学习之思维品质

思维品质，360 百科解释为思维能力的特点及其表现，也称智慧品质。思维的主要品质有：思维的逻辑性、思维的广阔性、思维的深刻性、思维的独立性、思维的灵活性、思维的敏捷性、思维的批判性、思维的确定性、思维的创造性和思维的预见性。

培养思维品质是"会学习"的重要部分。《叔本华思想随笔》写道："只有独立思考才是一个人真正的灵魂。"思维品质是思维的个性特征，是在不断学习和实践中提升的。我们在学习的过程中要懂得运用自己的思维解决问题，要科学地看待每一个问题，用辩证的方法，从多个角度、多个方面进行学习，提高思维品质。

## 第4条　独立思考，不人云亦云

人云亦云，出自蔡松年的《槽声同彦高赋》诗句"槽床过竹春泉句，他日人云吾亦云"。这句话的意思就是人家怎么说，自己也跟着怎么说，指没有主见，只会随声附和。

网络信息时代更需要深度学习提升思维品质。当今社会是信息化的社会，网络便利每一个人，但网络上的碎片化信息会影响我们的判断，甚至某些信息可能直接影响了我们的思想以及看待一些事情的角度，错把谬论当成真理。因此，在当下要做到独立思考唯有深度学习，让思维不被流俗影响，才能不盲从于大众。

独立思考，不人云亦云是成为少数精英的必经之路。"在任何一个时代，明察秋毫的艺术和文学鉴赏常常只能依靠很少的一部分人。除了一目了然和人所周知的案例，只有很少数人能够给出不是人云亦云的第一手判断。他们今天依然是少数人，流行的价值观念就像某种纸币，它的基础是很小数量的黄金。"英国文学批评家利维斯在他的著作《大众文明与少数人的文化》中如此阐述，他也常常教育年轻人在热爱文学之前，先教他们去讨厌其中的90%。如此看来，要成为"小数量的黄金"需要的就是独立思考，超越常规，拿出与众不同的作品，做领域或专业内的领跑者。

是享受不凡还是甘于平庸，一切皆在一念之间。我们应有自主思考和判断的能力，而不是盲从于大众。可能他人做出的决定有益于他，却无益甚至有害于你，这时，服从于大众可能终将害己。因此，我们要有独立思考和判断能力，学会选择最正确的路。

同一件事，不同的角度会有不同的看法。同样，在别人眼里看来没有利用价值的事物,可能对自己而言却是特别有用的东西。因此,不要小看每一个微不足道的事物,也许在将来,甚至是现在对自己都是大有用处的,切勿人云亦云,丧失良机。一堆零散不规则的木头在木匠眼里是毫无利用价值的废品,可在出色的艺术家的眼中却是好材料,并利用这些材料创造出独一无二的作品。试想一下,如果你是艺术家,只因听信了别人的话就放弃了这些材料,岂不错过了宝贝。这就是人与人之间的区别。不从自我定位、自我追求出发,一味地盲信盲从,是导致我们没有学习力,丧失独立思考能力的重要原因。

## 第5条　辩证地看待问题，让思维更有质量

现代大学生们思维高低的差距主要体现在考虑问题的质量上。考虑一个问题不应该只是考虑自身，每一种事物的存在不只是它的本体，还有它对身边万物的影响，这就需要辩证的思维。

言语既可以安慰人，也可以诋毁人。世间万物都具有两面性，而辩证思维就要求我们全面地看待问题。一个优秀的大学生必须拥有"同理心"，就是在矛盾之间，要站在对方的立场上看待问题、分析问题，让自己深刻了解对方的真实情况。在大学生活中，处处有矛盾，我们必须深入分析矛盾的方方面面，寻找是哪一方的矛盾占主要因素，从而让我们能够实事求是地解决矛盾。在学习中与老师有矛盾时就需要站在老师的立场上看待问题；在宿舍与舍友发生冲突时，就要站在舍友的角度审视自己。只有更多使用辩证思维处理问题，我们的人际关系才会变得更加和谐。

辩证法是一种认识世界和理解世界的好方法。马克思主义哲学虽然没告诉我们所有事情如何去选择，但是告诉了我们要用辩证的思维权衡利与弊，以防止利弊失衡。如果你踏上一条道路，而且一路十分安逸，你就应该时刻警醒自己，不能安于现状，时刻保持警惕。有很多急功近利的年轻人，只要受到一丁点挫折就原路折返，白白浪费了这大好的青春。

大学生做同一件事情，有的人积极对待，有的人消极应对，关键看自己如何调整。比如很多大学生去实习，面对上司安排的工作，有的人抱怨

怠慢,而有的人则把这些工作当作自己学习进取的机会或者深入了解自己公司的机会。试想一下,人这一生能做几件惊天动地的大事,一个人的才能就是通过这一件件小事体现出来的,最终也只有那些坚持学习、努力刻苦的人才能成为公司的中坚力量。

# 第6条　有一次酣畅淋漓的辩论经历

大学期间应该真正地参加一次辩论赛,在辩论中寻找属于自己的真理。

下面摘选某高校辩论队队长马辉给新队员做的一篇演讲稿,从中感受辩论如何能"酣畅淋漓"。

各位辩手:

你们好!

作为一名马上要退役的辩论队队长,恭喜你们能够从百人的海选中脱颖而出,最终成为正式队员。很高兴看到你们戴上队徽的那一刻脸上的笑容,相信我,这只是一个开始,在今后的训练和比赛中,你们会慢慢爱上这项竞技,这种知识,这场游戏,你们会更喜欢上辩论。

在前期的准备当中,我和你们的领队一直在思考今年应该如何制订选拔标准,才能最大化地让你们在受益的同时也能为队伍注入新鲜的血液。正如你们所见,我们今年的选拔宗旨是两个字——热爱。然而我要向你们坦白的是,你们当中的部分辩手,辩论技巧欠缺甚至可以称得上没有,但是我从你们的眼里看到了渴望,渴望自己能够做到更好,渴望自己能够表达内心的想法与心声,渴望能够站在高处,所以我给了这部分人机会,就像当初老队长给我机会一样。

相信经过前面几场比赛,大家已经对辩论有了初步的认识,你会慢慢发现一个有趣的现象,那就是我们的生活并不是非黑即白,这一点很重要。今天的我们打开微博刷一刷头条,打开微信看一看朋友圈,我们会看到各种各样的新闻。任何一个社会现象,都可能引起非常强烈的辩论,正反双方各执已见,在这个时候事实是什么样子其实在他们的思维里已经不那么重要了。他们甚至相互诋毁谩骂,为的是全盘否定对方的观点,在他们眼里,对方的观点没有任何一点合理性。

但是当你们辩论过就会知道,辩论双方的观点都是有其合理性的,比方说,在我们的观念里网红的发展只是暂时的,因为它有各种各样的毛病,但是如果今天你的辩题刚好是网红的发展,是未来的必然趋势,你就因此而放弃了吗? 作为辩手的我们当然不会,因为我们知道存在即合理,也知道通过剖析具体的文字,就会发现这里的"网红"与我们所认知的"网红"并不是一个含义。

你发现了吗? 当你渐渐走进辩论,你就会试着换位思考,你看问题的时候会变得全面,你在想一件事的时候很难再钻牛角尖,会选择站在不同的角度去看待它。从某一个方面来讲,人生路上遇到的那些迷茫、挫折、焦虑,因为辩论,你会知道如何面对并解决它们,这就是辩论带给你的改变。

我们回过头来,再来谈一个话题,辩论可以给你带来什么? 回想自己刚刚加入辩论队时的样子,我可以大言不惭地说,在这里得到的要远比你们想象的多。在过去的校园辩论赛中,有一次辩论的题目很有哲理,叫"知难行易还是知易行难"。当时我方的观点是"知难行易",简单来说,就是明白一个道理很难,我们先要钻研,钻研透了做起来就会相当容易。我们要知道啊,这和我们古训中所强调的"行万里路""君子立于世才能正身"是正好相反的,所以想要赢不仅要表达得流畅,更要为大家树立一个新的价值观念,为我们找到一种新的看问题的方式。

我方这样说的,我们所谓的"知"真指的是"真知""深知""熟知"吗?不是的,大部分情况下我们只是知道了而已。这样说你们可能觉得并没有什么不对。好,我们把它放入具体的例子当中,我们都知道过去的要放下,分手后要放下前任,可是有谁能轻易做到。你不知道这个道理吗? 并不是，你知道，可是你还是不甘心。那是为什么？是因为你并不知道为什么过去的要放下。放下并不难，难的是知道自己要放下。佛说，放下屠刀立地成佛。手头刀容易放，难的是心里的认知，认知明了了，自然便成了大彻大悟的佛。好一个大彻大悟，这就是辩论的魅力所在，从绝境中找生存，从不可能中找可能，你永远不知道思维这个东西的边界会到哪里。

　　絮叨了一些故事，是想让你们明白辩论的意义远不止你们看到的那些。相信我，等你们真正爱上辩论，会看到它带来的改变。同时，也希望你们明白身上的责任。作为一名辩手，你们要赢的不是对方辩友，你们要为更多的人发声，让更多的人听到你们的声音，把这种思考问题的方式传递给这个时代。

　　借用师长常说的一句话"思者无涯，辩者无畏"，希望你们能把这件小事做好，爱上辩论，成为这个时代的"明白人"。

# 会学习之勇于探究

　　勇于探究是指具有坚持不懈的科学探索精神，可以大胆尝试，具有强烈的好奇心和丰富的想象力，不惧怕困难，积极寻找有效的方法解决问题等。古往今来的许多创新，都是以勇于探究为基础和前提的。青年学生的首要任务是学习，在学习中不断地追求真理、勇于探究是践行社会主义核心价值观中"敬业"内涵的良好体现。我们在学习中也会接触和了解到许多优秀的人，他们的优秀事迹让我们感受到了勇于探究的力量，同时也深知在各个领域不停地探索研究对推进社会发展、人类文明有着无可替代的作用。但是，我们可能还是会有疑惑：我到底应该怎样做才是"勇于探究"呢？

## 第7条　对未知领域充满求知欲望

　　"求知欲"的其中一层字面意思就是指人探求知识的欲望,是一种精神层面的需要。求知欲是人生来就自然而然产生的欲望,人们都有探求知识的需要,所以求知欲会促使人们不断地探索未知领域。子曰:"知之者不如好之者,好之者不如乐之者。"求知欲的强与弱直接关系到学习的效果与质量。求知欲强的人,在学习知识的过程中更具有主动性,可以概括为"爱学",只有"爱学",渴望获取丰富的知识,才能"学好"。

　　我们到底为什么要花很多精力去学习?甚至是终身学习?是为了父母学?为了老师学?还是只是为了通过考试而学?又或者是为了我们自己?学习好的学生不一定都能找到高薪的工作,以后也不一定会大富大贵,那我们为什么还要如此辛苦地学习呢?电影《女王的教室》阿九津老师说过:读书,不是非做不可的事,而是想要去做的事。读书,不是为了考试,而是为了成为更好的自己。只要人活着,就有很多不懂的东西。连自己生存的这个世界都不想了解,还能做什么呢?一个人如果失去了好奇心和求知欲,那和死人没有区别。

　　在现实生活中,有很多学生因为各种原因成绩不好,进而丧失了对学习的兴趣和积极性。但是,无论如何我们一定要明白一个道理,我们学习不是为了父母,不是为了老师,也不是为了考试和成绩,而是为了满足自己对未知领域的好奇心和求知欲。在这个万千世界里,有太多我们不懂的东西,需要不断地去学习了解。虽然有的同学一时成绩不理想,但是只要能一直保持着求知欲和好奇心,未来就会充满无限可能。一个人真正衰老的开始不是表现在年龄上,而是这个人停止了对未知领域的探索。

在平时的学习和生活中,要找到和自己志同道合的朋友,找到同样充满求知欲的人,与有求知欲和好奇心的人在一起,才能对自己和世界充满期待,才能收获更多的美好。

另外,我们不能将有用与否作为学习的唯一动机,这样会扼杀探索未知领域中那些看似"无用"的新知识、新技能的兴趣和动力。好奇心和求知欲强的人,对一些"无用"的技能也充满兴趣。我们在大学期间可以多考一些资格证书,可以学习茶艺、调酒、插花、摄影等,这些当下看似"无用"的技能,也许在不久的将来会让我们受益匪浅。对知识的探索,不要有太多的功利性,不要觉得是在浪费时间,要怀着一颗赤子之心,充满好奇,不断汲取新知识的养分,从而成长为一个更好的自己。

求知欲和好奇心是一体两面。缺乏对未知领域的好奇心,也就没有兴趣去探索未知。大部分人离开校园,步入工作岗位之后便停止了学习,信息库便停止了更新,失去了求知的欲望和学习的激情,在原地停滞不前,变得茫然和迟钝。在日新月异、高速发展的新时代,我们必须清楚地认识到自己的渺小,树立终身学习的观念。如果我们停下学习与探索的脚步,科技发展的速度会把我们远远地抛在后面,让我们终将被时代淘汰。

知识就是力量,我们要学会求知,成为一个善于学习和思考的新时代青年。要抱着多多益善的态度去求知,才能不断地进步。要用初学者的谦虚自觉、饥饿者的渴望汲取拥抱未来。要像一个永不疲倦的探险家,对未知领域充满渴望。

# 第 8 条　提高解决专业难题的本领

　　学生的学习和生活往往是融入集体中的,集体的风气会对个人产生潜移默化的影响。好的校风、好的班风、好的学风,对学生提高解决专业难题的本领起正面的促进和推动作用。学校要积极拓展学生的视野与见识,利用图书馆资源给学生提供更多、更好的书籍,培养学生爱阅读的好习惯。看得多自然了解得多、懂得多,对知识才能举一反三、触类旁通。学生要通过专业基础认知讲座、名师课堂、学术报告会、就业指导课、职业生涯规划等课程的学习,了解每门专业课程的培养目标和学习目的,了解每门课程的知识点对本专业起到怎样的作用,对毕业后的择业起到怎样的作用。只有这样,学生才会目标明确,有选择、有侧重地学习,也使学习更有动力,更有效果。

　　勤于学习。古人云:"玉不琢,不成器。人不学,不知义。"知识、技能和经验要在学习和实践中获取。学生不单单只从书本里学,还要在实践中不断积累和学习;不仅要把学习作为获取知识、增加本领的有力手段,更要把学习作为一种青年责任、一种精神需求、一种思想境界来认知、来对待,孜孜不倦,学而不怠,树立终身学习的理念。

　　善于思考。思考是以学习为基础的,没有丰富的知识,思考就不会有广度和深度。要善于在学习实践中总结经验、汲取教训,学会运用统筹协调的思维和科学发展观的理念去观察、分析和处理问题,使自己在解决专业难题时不断取得新的进展和突破。

　　勇于实践。实践出真知,实践动手能力是大学生就业所必须具备的基本能力,也是应用型、创新型人才必备的条件。校企深度合作,促进了高校人才培养模式的优化,企业为学生提供实习的场所,培养了学生的实践操作能力。教师参与企业科研课题、挂职锻炼等有利于双师型教师的培养;将企业案例应用于课堂教学,理论联系实际,有助于学生加强解决专业问题的能力。

敢于创新。创新是一个民族的灵魂,创新是人类进步和社会前进的不竭动力。我们要不断完善自己,提高自己。21 世纪,具有创新意识和创新能力的人才已成为各大企事业单位的迫切需求。

探索理论与实践的完美结合,既懂书本知识又能解决专业问题,学校"3+1""2+1"人才培养模式十分重视实习实践环节对学生解决专业问题的能力培养。学习中的问题来自生产实践,解决方法也在生产实践中去寻找,带着问题实践,带着思考学习,对于增强大学生专业素养,提高专业本领,解决专业难题等,有着十分重要的作用和积极的意义。

## 第9条　发表一篇和所学专业有关的学术论文

学术论文是描述科研成果和展现科学研究的方式,可以考查学生学以致用的综合能力。论文的质量体现了学生的学术能力和专业水平。

写论文的过程是将语言和思维进行融合的过程。任何的问题、想法、解决方式和知识点,如果没有精准合适的语言承载,将无法表达出来。论文写作不仅仅考验专业知识的掌握,更多的是培养语言和思维的融合能力,训练使用简练、直白、准确的语言表达思想的能力。这种能力并不是天生就拥有的,而是要通过不断的训练得以强化。如果从来没有练习过怎样将思维转化为语言,那么在真正需要描绘现象、转述观点、表达想法的时候,便会捉襟见肘、不知所措,做不到准确快速地直击要点。

写一篇论文,从选题开始,到查找文献资料,再到构思和行文,每个数据和结论,甚至每字每句都是一个学习和提高的过程。在写论文的各个环节中,我们要学会独立查找资料,学会思考,学会分析实验数据等,要求思路清晰,有逻辑性,按照提出问题、分析问题、解决问题的顺序来进行。撰写论文除提升计算机办公软件的操作能力外,也使自己更加深刻地理解了所学知识,并且将其应用到解决实际问题中去。总之,整个过程如果全部认真完成的话,从无形到有形都会学到很多有用的东西。在校大学生可以根据自己的能力在国内外各大期刊上发表自己的学术论文,如果想顺利毕业,都要经历毕业论文的撰写。毕业论文是高校毕业生毕业前提交的最后一份作业,有一定的学术价值,标志着完成了现阶段的学业、毕业论文是对学习成果的检阅和总结,体现了学生分析问题与解决问题的综合能力。

在大学的前三年,大学生主要集中精力学好本专业的基础理论、专业知识和基本实验技能,打下牢固的专业基础;在大学的最后一年,大学生要集中精力撰写毕业论文。学好专业知识是写好毕业论文的前提条件,而毕业论文的撰写又是对所学专业理论知识和实践技能的综合运用及深入强化。撰写毕业论文就是综合运用已学的专业知识,进行科学研究,把掌握的理论知识转化为分析问题和解决问题的能力,要牢牢掌握公共课、基础课和专业课的知识点,有广泛的知识储备,并且还要具有严密的逻辑思维能力和写作功底。毕业论文考查的不是某一门学科的知识点,而是考查学生探讨和研究问题的能力,考查学生学以致用的综合能力,是在毕业之前对在校大学生最后一次学习效果的全面检验。

通过撰写毕业论文,大学生能更加清楚地了解科学研究的过程,学会如何利用图书馆数据库检索文献资料,学会收集、整理和利用相关材料,学会怎样通过实验得出所需数据,学会观察、调查和分析样本等。全过程地参与和亲身体验,系统、全面地实践,把所学知识转化为分析问题和解决难题的能力,理论联系实际,进一步消化和巩固,加深对知识点的理解。

在搜集材料、分析问题、接触实际的过程中,大学生既可以印证课堂上学过的理论知识,又可以学到很多课堂上没有讲过的新知识,增加了自己学识的深度和广度。大学生在撰写毕业论文的过程中,可能会对所学专业的某一特定领域或某一专题做出较深入的调查研究,从而对某一方面问题产生浓厚的兴趣,有助于他们确立择业目标和从业方向,增强攀登科学高峰的志趣和信心。

在完成毕业论文的过程中,大学生会发现自己的长处和不足,了解自己,才能更好地发挥自己的优势,有针对性地克服缺点。大学生今后步入工作岗位,不论从事何种职业,如果想拥有更好的发展,取得显著的成绩,都必须具备一定的研究和写作能力。

# 会做事之公平正义

正义存在于每一个人的现实生活中。我们经常可以听到或遇到充满正义的人和事，向往正义、维护正义，是所有心存善念的人的共同心声。我们要尊重人的基本权利，公平公正地对待他人和自己。只有心怀正义，我们才能消除内心的恐惧，才能驱除自私和贪婪，才能在危急时刻挺身而出，与不良的社会现象做斗争，才能更加自律。只有坚决维护正义，才能使邪恶无藏身之地。维护正义是我们每一个人应尽的道德义务。

公平地获取是以正义的制度和规则为基础的，正义的制度和规则给人们提供了公平竞争或合作的保障和支持。公平为人们提供了有利于发展的机会和平台，也使我们身处的社会更加健康、持续地发展，我们个人也将在和谐的社会中取得长足的进步。

# 第 10 条　富有正义感，能够明辨是非

现实生活中存在很多是非曲直,我们要有一双可以明辨是非的眼睛,时刻保持清醒和独立,当遭遇不公,面对强权时,要敢于表达,不能一味地委曲求全。无论是应对自己的事情还是别人的事情,都要保持公平和正义,做一个正直的人。

尊重人的基本权利。无论是自己的还是他人的人权都需要得到尊重。当我们遭遇了不公平的事情时,我们要敢于抗争;当看到不公平的事情发生在别人身上的时候,我们也能够伸出援手,为其打抱不平。

尊重制度和规则。遵守国家法律法规,遵守公共场所的秩序,遵守组织纪律,遵守公共文明礼仪,爱护公共财产,维护公共环境,遵守公共道德。

尊重自由和平等。激发自觉意识,做有意义的事情,使自己变得更好,同时不侵犯他人,不把自己的意志强加在别人身上。

自觉承担责任。主动履行自己的责任,对自己负责,在充分发挥个人潜能的过程中不断成长。同时对自己没有完成好的事情,要勇于承担后果,积极反思,在克服困难的同时得到进步和提升,做一个值得信赖的人。既要有见义勇为的精神,又要能够做到见义巧为,在保护自己的前提下维护正义。

大学时期是学生的世界观、人生观、价值观形成的关键时期,必须要时刻保持清晰的头脑,理性冷静地处理问题,不能随意相信那些歪曲事实的谬论。看到信息,要分析它的来源出处,判断是否真实可信,同时也要积极引导身边的同学正确地看待和辨析问题。青年学生的世界观、人生

观、价值观逐渐成熟和定型，在这个关键阶段要学会明辨是非，做到是非明、方向清、路子正。要善于思考、善于分析，正确选择人生理想和道路。

当前，随着世界快速发展，我们的生活方式也在改变。在信息爆炸的互联网时代，到处充斥着各种猎奇、炒作、刺激的不实信息，各种思想相互交杂，色彩斑斓的社会生活和形形色色的诱惑、陷阱相互交织。大学生要炼就明辨是非的"火眼金睛"，学会独立思考，防止受骗上当，不信谣、不传谣，负责任地发表言论，引导正能量的舆论，做出正确的判断和抉择，只有这样，才能沿着正确的人生轨迹前进。

大学生毕业后走上工作岗位，也一定会面临很多是非问题，既有政治上、原则上的大是大非问题，也会有日常生活、工作上的小是小非问题。我们一定要学会独立思考，明辨是非，这是大学生必须具备的能力，也是综合素质的体现。我们要牢记习近平总书记在北京大学师生座谈会上的讲话："面对世界的深刻复杂变化，面对信息时代各种思潮的相互激荡，面对纷繁多变、鱼龙混杂、泥沙俱下的社会现象，面对学业、情感、职业选择等多方面的考量，一时有些疑惑、彷徨、失落，是正常的人生经历。关键是要学会思考、善于分析、正确抉择，做到稳重自持、从容自信、坚定自励。"

做一个有正义感的人，不仅要有较高的道德境界，要明辨是非，还要在行动中去践行。要为自己和他人伸张正义，更要为集体乃至国家的正义而奋斗。方向决定着命运，树立和践行社会主义核心价值观，在明辨是非中找准未来的方向，在正确抉择中走向人生的正途。

# 第 11 条　学会用法律的武器维护自己的合法权益

法律赋予我们权利,大学生该如何正确行使这些权利呢? 在学习和生活中,如果我们遇到自己的合法权益遭受侵害时,要学会运用法律的武器来保护自己。要做到自觉守法,依法办事,同各种违法犯罪行为做斗争,增强自己的法律意识,提高自己的法律素质。

法律意识是公民尊重、理解、执行法律法规的基本前提。一个人不会天生就遵纪守法,而是通过后天的不断学习,产生了法律意识,形成了一定的法制观念,从而做到不犯法并且自觉维护法律尊严。

我们要依法行使法律赋予我们的权利,同时也要履行法律赋予我们的义务,正确对待权利与义务之间的关系,用法律武器捍卫自己的合法权利,尊重、不侵犯他人的合法权益,履行对国家、社会、他人的义务。不贪图小便宜,不不劳而获,在行使合法权利的同时要注意自己的言行,不损害国家、集体的利益。

在校大学生普遍存在法律意识淡薄的问题,认为法律和自己的关系不是很密切,往往觉得生活会一帆风顺,不会遇到需要利用法律解决的问题。其实法律法规和我们每一个人都息息相关,适当地了解法律,对我们的学习、生活和工作会有很大的帮助。

在培养大学生法治观念的过程中,要加强法律知识的学习。高校应该重视有关法律基础知识课程的教学,学校法律服务中心要多开展针对"校外兼职""校园网贷""微商陷阱"等现象的普法宣传活动。高校应通过展板宣传、法律知识辩论赛、模拟法庭、组织观看视频资料等方式帮助学生了解、学习法律知识,建立法制观念,增强法律意识,提高防范意识。

高校还要多开展法制教育专题讲座和学术报告,增加学生的法律知识,提高认识水平,形成一种知法、学法、懂法、守法、用法的氛围。

大学生也需要在自身方面有所行动,除了认真学习法律基础知识外,平时要多关注时事政治,关注社会新闻,多看看《今日说法》《天网》等法律节目,还要多阅读一些法律报纸杂志,在增长见识的同时也增强自己的法律敏感度。大学生不仅要在日常生活中懂法、自律,还要在学习中遵守课堂纪律,遵守考试规则,做一名有责任、能担当的大学生,做一个诚信守法的人。

大学生需要将法律知识与社会实践相结合,要把法律知识运用到社会生活中,多了解生活中与法律相关的热点事件,多看看普法栏目剧、法律大讲堂等节目,在关注剧情或案例发展的同时,认真分析其所涵盖的法律知识点,从而更加形象、深刻地理解法律知识所包含的含义、要发挥的作用。同时,大学生还要积极参加各类与法律有关的社会实践活动,在实践中强化法制观念。

在日常的学习和生活中,自己的合法权益受到侵害时,要学会用法律的武器进行维权,维护社会公平与正义。用法律的手段解决问题,永远是最正确的选择。

我们所生活的社会是一个法治社会,我们每一个人都受法律法规的约束和保护。作为新时代的大学生,我们必须要知法守法,学会用法。保护自己的合法权益,履行自己应尽的义务,让自己行得更正,走得更稳,飞得更高。

# 第 12 条　能公正地处理班级和同学的问题

　　虽然每个人都是一个独立的个体,但却都生活在集体之中,都要面对错综复杂的人际关系,处理各种各样的问题,很少有人可以不问世事,离群索居。无论是学生干部或者是普通学生,在日常生活和学习中,难免会与同学发生矛盾甚至冲突。

　　想当好学生干部,履行好工作职责,协助老师更好地开展各项工作的前提是要能公平公正地处理班级和同学的问题,做一杆"公平秤"。学生干部是老师的得力助手,但是学生干部在日常工作中常常会被一些矛盾困扰,其中最常见的就是需要面对和处理各种关系。在处理同学之间的矛盾时,学生干部必须能够主持公道,调查原因,分析问题,寻找解决问题的办法,不偏袒,不责难。

　　公平公正有利于营造良好的学习和生活环境,有利于发挥学生学习的积极性和主动性,有利于学生树立正确的价值取向和道德观念。不仅是一个班级、一个年级,整个社会都是如此。无论是一个家庭的长辈,还是一个单位的领导,又或者只是一个班级的学生干部,甚至每一个普通成员,如果人人心中都有一杆秤,公正、公平地对待身边的人和事,那么就能够维持心灵上的平衡。人与人之间坦诚相待、互相包容,更有利于社会公正的实现。

　　无论是学生干部还是普通同学都要学会客观公正地处理问题,不要带着有成见的目光对待同学,不能只看到别人的缺点,当然也不能只注意到优点,不能仅凭自己的主观印象或个人喜好来评价同学,更不能因为道听途说而对一个人产生偏见和误解。要平等地对待身边的每一位同学,给予他们尊重和信任。

学生干部更要公平公正地对待每一位同学,客观评价每一位同学,做到一视同仁,一碗水端平,不凭个人好恶处理事情。对待不同性别、年龄、外貌、性格、家庭条件以及交情深浅的同学要做到不偏心、同等对待,不能歧视有身心缺陷或成绩不好的同学。

与班级同学搞好关系、建立良好的群众基础,是学生干部能够顺利开展工作的重要前提。学生干部是由大家推选出来的,是在同学中产生的,要牢固树立全心全意为同学服务的意识,要对得起同学们的信任,关心同学,帮助他们解决学习和生活中的困难,平等待人,公正为人,以理服人,不厚此薄彼,不拉帮结派,不妒忌贤能,尊重每一位同学的人格和尊严,公正地处理问题。

学生干部还要处理好干部之间的关系,特别要学会正确对待竞争与合作的关系,在竞争中团结合作,在合作中公平竞争,要多合作,少争功,多沟通,少独断,多支持,少推诿,相互理解和包容,尽量避免矛盾冲突,避免造成不良影响。

评奖评优与同学们自身的利益息息相关,学生干部怎样协助老师公平、公正、公开地做好评定工作,将助学金用到真正需要的同学身上,将奖学金评给真正品学兼优的同学,怎样公正地处理评奖评优过程中出现的矛盾,需要我们思考,更需要我们认真对待。

人无完人,金无足赤。要体现公平公正,就要尽力改变一些不公行为。学生是存在差异的个体,有长得一表人才的,也有长得其貌不扬的;有成绩优秀的,也有成绩不好的;有性格乖巧的,也有天性顽皮的……但是这些都不能成为不公平对待的理由,每一位学生都有获得公平对待的权利。公平公正地对待每一位同学,才能使班级环境更加和谐。要在班集体中形成公平正义、诚信友爱的和谐班风,不是一蹴而就的,需要较长时间的磨合和积累,我们学生尤其是学生干部也会在正确处理各种人际关系的过程中,不断得到成长。

# 会做事之知行合一

　　日常生活中，我们总会听到有人说"知行合一"这四个字，那么，到底什么是"知行合一"呢？"知行合一"出自名震中外的大哲学家、大文学家、大军事家王守仁先生。王守仁先生被贬到贵州，艰苦的环境、疾病缠身和郁郁不得志没有使他停止思考，却使他的思想在这个时期成熟。"心学"就是这个时候被悟出来的，而"知行合一"就是王守仁"心学"的核心思想。

　　"知行合一"，很多人理解成了先学会理论知识，再去实践，这样理解其实是不准确的。王守仁先生一再强调，知行是同一时间发生的事，不能分先后顺序，是发自内心的良知，是基于内心良知而做出符合良知的行动，这当中没有任何欲望的驱使。所以说，"知行合一"是内在知识和行动的统一。

## 第 13 条　不纸上谈兵，把想法落实到行动中去

纵观古今中外，做成大事者大多办实事，而那些夸夸其谈、能言善辩者却不一定能成伟人、圣人，于是我们发现要想成为成功的人，做事情不能空谈理论想法，只会纸上谈兵，还必须和实践相结合，把想法落实到行动中去。

在今天的社会上，夸夸其谈者数不胜数。他们善于分析事情的规律，善于用华丽的言谈包装自己，善于用口才去征服其他人。要知道，在竞争如此激烈的当今社会，掌握包装好自己的技巧也是十分重要的社会生存技能。但是，往往这些人会遇到失败，华丽的言辞背后少了实践的依靠，很难会有大的成就，甚至会给自己带来灭顶之灾。

战国时白起将军率军发动长平之战，经过惨烈的鏖战，赵军最终战败，秦军获胜坑杀赵国 40 万降兵，而把赵国军队引向灭亡的人就是只会纸上谈兵的赵括。当时，赵括受父亲影响从小饱读兵书，谈论军事，对天下之兵计可谓十分熟悉，被人提问时能对答如流，自以为天下没人能比得过他。待到秦国进攻赵国时，赵括被赏识他才华的赵王任命为大将。本以为他会领兵击退秦兵凯旋，却没战 40 天便一败涂地，断送 40 余万将士性命和赵国的前途，成为千古笑柄。究其原因，赵括只会读他父亲留下的兵书，却不懂得灵活应变，理论充实却没有打过一场真正的仗。通过分析经典战例，我们不难得出，不注重实践后果是十分严重的。

在你夸夸其谈、哗众取宠时，他们脚踏实地完成既定目标；在你虚度年华、妄自菲薄时，他们夜以继日地学习工作；在你叹息命运不公、怨天尤人时，他们努力拼搏，掌握命运的主动权；在你受到打击一蹶不振时，他们

拍拍尘土,坚强地站起来,继续前行。所以他们最终取得了成功,笑到了最后。心动不如行动,想得再多如不付诸行动,成功是不可能眷顾你的。当然,如果我们能两者兼顾,做一个有思想、有行动的人那就更好了。如果两者难以顾全,我们至少也要做一个心口如一的实在人,这样会给你的生活减少很多的困扰。

### 师长寄语

希望同学们深刻理解"手脑并用""纸上得来终觉浅,绝知此事要躬行"这些话的意思,在学会学习的同时也要懂得实践出真知。学校重视培养应用型、技术技能型人才,更加重视实践,强调应用。我们的人才培养方案不仅安排与理论教学相配合的实验课,而且还安排了各类实习、课程设计等实践教学环节。目的就是在实践中培养同学们发现问题、分析问题、解决问题的能力以及创新意识和创新精神。

### 案例分享

很多同学一进大学,看似忙碌,却四处乱撞,定下了鸿鹄之志,却失了坚持,壮怀激烈,却不去行动,全无成果。大学生活从来没有一定之规,更没有一个"人人都应该这样过"的范本,但是它一定是有主次的,有主心骨的。再好的计划也需要执行,再好的理想也要脚踏实地才能完成。

在行动能力方面我们要介绍一位华裔女性，她就是出生在中国海南穷山沟里的符江秀。

家庭贫寒的她高考落榜，可她却通过自己的努力和行动改变了自己的一生。高考失利的阴霾没有使她沉沦，她没有气馁，自费上了中专，决心一定要做点什么来改变自己的命运。

她相信肯学肯干就能获得更多，于是带着一纸中专文凭，独自来到香港闯荡，凭着敢闯和不服输的劲头，竟出人意料地获得香港东亚银行的职位。但是，由于学历和出身，她在工作中备受歧视，可她内心不服输的劲头却被激活了。她夜以继日地拼搏，不仅将手头的工作处理得井井有条，而且不满足于现状，继续努力学习完成自己的梦想。拿到香港大学的本科学历后，她继续凭着过人的行动能力和韧劲，实现了一个个普通人看来不可能完成的任务，先后进军软件行业和房地产行业并取得骄人的成绩。然而她并没有躺到成绩上睡觉，而是继续完成自己的梦想——作为华人的她要进军美国政坛来改变美国的政治生态，经过努力，她成为美国国会议员候选人。

从穷山沟里的灰姑娘，到取得普通人望尘莫及的成绩，她怀着"我要做大事"的理想努力和命运抗争，克服困难，付诸行动，不甘平庸，愈战愈强，将自己的梦想通过不断行动而一一实现。

# 第 14 条　通盘思考，做完美的执行者

　　现今部分大学生看问题表面化，思考问题不全面、不主动，分析问题不透彻、不独立等，从而使思维流于表面。思维的浮躁导致办起事情也毛毛糙糙，出现执行能力低，办事能力差，效率低，办事逻辑混乱等情况。很多大学生面对问题和工作时，要么东拼西凑，敷衍了事；要么说一点干一点，不积极主动；要么遇到一点困难就畏难退缩，撂挑子；要么处理问题没有开创性的思维和探索的精神。

　　让我们探究一下是什么阻碍了思考的全面性。智能手机在大学生人群中的普及，使网络的使用更加便利。网络使获得知识的途径更加丰富，方式更加多样，这样有利于大学生便捷地获取自己想要的信息。但是大学生越来越多地依赖和过度使用网络，会导致思维碎片化。部分大学生遇到问题往往不主动思考，而是简单地求助网络寻找答案。对片面性的问题或言论不能有效地辨别，偏听偏信看谁都对却抓不住问题的重点，思考能力和判断能力逐渐丧失，这会对思维认知有较大的影响。

　　我们知道人的思维方式和走迷宫一样，必须通过梳理、思考和行走才能找到出口，不愿意用脑思考就只能在原地发呆或像没头的苍蝇一样乱撞。还有的大学生在接受信息时也缺乏判断能力，看着这个也好，听完那个也对，而可能这几种观点是相互矛盾的。这反映了大学生缺乏逻辑思维能力与信息整合能力。一个完善的思维过程都是一点点积累和训练出来的，千万不要碎片化地输出，一定要将碎片化的点通过全盘思考整理到一起，让它们之间有逻辑关系。

　　另外，完美地执行也非常重要。问题思考清楚了，计划制订好了就需

要我们执行落实。不落实的计划永远只是一张纸而已。无论是在求学，还是已经身处社会，都要求我们有很强的执行力。执行力强的学生不管身处何处都非常受欢迎，而如果执行力差，也不必丧失信心，可以通过后天培养增强。

✒ 温馨提示

做通盘思考完美的执行者，在做工作或完成学习目标时要全盘思考、全面分析，专心致志地执行既定目标。发现问题要及时改进调整，不能呆板机械地盲目硬上，要保质保量地完成工作目标，事后还要及时总结成败得失。

✒ 提升建议

大学，就是你在进入社会之前，最后一次系统性学习知识和培养通盘思考能力的地方。什么叫通盘思考，就是指基于一个问题，能够深挖和分析，并利用系统知识体系进行思考，最后形成独立、全面、科学的结论。

大学学习正是要培养同学们这种通盘思考的能力，让林林总总的知识片段成为体系，使其能为我们的工作学习带来指导，遇到问题理解才有深度，处理问题才不会形成偏见，遇到新鲜事物才能不丧失辨别能力。

　　如何加强执行力,做完美的执行者呢? 首先,要有正确的心态。执行力是一项对大学生非常有帮助的能力,对解决学习、工作和个人生活中遇到的问题有着重要的作用。大学生应该主动地培养执行力,在学校里应该主动地不打折扣地完成作业,执行好老师安排的工作;在生活中也要严格要求自己,订好的计划要坚持执行,比如良好的起居习惯需要克服懒惰并坚持下来才能养成。其次,要有三省吾身的态度,要知道自己在执行过程中的一些缺点,也可以求助身边的同学帮你找找问题。这些缺点和问题都是你提升执行力的拦路虎,要一一去克服它们。做事尽量要专注,想问题也尽可能列举所有解决方案,排除干扰,经得住诱惑。要善于观察思考,还要养成做完事情总结的习惯,不能仅仅埋头拉车而不抬头看天。

## 第 15 条　在感兴趣的领域进行一次社会实践和调研

现今社会需要全面的人才,不仅需要具有较强的专业知识,而且也需要学生具备一定的社会体验。大学生一方面要重视在校期间的专业知识的学习和掌握,为将来走向工作岗位储备必要的知识;另一方面还要多参加社会实践活动,通过社会实践来丰富阅历、增长见识、体悟社会、培养社会责任感,并将书本上学到的知识运用到实际中去。

社会实践和调研在大学生活中发挥着越来越重要的作用,并得到国家和社会各界的广泛重视。大学生在这四年内必须掌握好一项专业知识,但仅仅有专业知识是不能让大学生成为一名合格的劳动者的。大学生还要在其他的领域发展自己的爱好,并在这些领域发挥自己的专业特长。进行社会实践和调研有利于让大学生更深入地了解国情和社会,发现自身知识结构、沟通能力等方面的不足,从而更全面地了解自己。

参加社会实践和调研活动,除了能促进理论和实践的结合之外,还可以接触到许多和自己专业或兴趣相关的企事业单位,并可以与这些单位保持联系,为以后实习就业带来便利。我们还能通过活动,扩大自己的交友范围,结识志同道合的朋友,方便专业或特长交流,促进学习,更能收获友谊。此外,多参加社会实践和调研,能培养大学生的沟通能力、领导力,在接受任务解决难题的过程中,提升大学生直面困难的勇气,建立自信心。这对大学生以后的专业学习、生活和工作都会起到重要的作用。

✒ 身边事

　　大学期间能参加社会实践和社会调研，对大学生来说是非常重要的经历。高校也有很多优秀的社会实践和调研事例，例如："平南支农支教"活动自 2008 年 5 月 12 日四川汶川大地震发生后，至今超过 10 年从未停止。同学们不仅在学校捐款捐物，还踊跃报名参加震后支农支教活动，余震尚未平息就启动了支农支教活动。除了支农支教活动外，会音乐、舞蹈的同学利用自己专长丰富当地文化生活；有摄影专长的同学为村民免费照相；学电子商务的同学指导当地农户开通"土特产＋互联网"的销售渠道，将当地的茶叶、腊肉推广到全国。他们不仅服务了社会，为地震灾区做出了贡献，更净化了心灵。

　　学校还举办了慰问环卫工活动，慰问交警活动，老年大学敬老活动，千人进社区、关爱残障儿童活动等。通过这些活动，大学生可以更深入地了解社会，体验课堂上学不到的经历。

　　这些都是完成习近平总书记对青年提出的"要爱国、要励志、要求真、要立行"四点希望的最好响应。

# 会做事之追求卓越

　　追求卓越是一种做事的态度,本质上是一种极致思维,是一种追求第一的精神。大学生做事情应该有这种敢于拼搏的精神。对待所有事情一旦认准就要敢想敢干、持之以恒,尽自己最大努力做到最好。追求卓越也是一种境界,要把事情做到极致,做到无可挑剔,做得超越自己。

　　追求卓越并不是简单地树立精英意识,而是一种心态境界。在通往卓越的道路上也许不是一帆风顺的,你可能会面对各种困难,也有时需要孤独而执拗地坚持真理,但想要成就自己的人生,就必须坚持不懈地坚守信念和初心,不怕失败,砥砺前行。能使你成就卓越的不是别人,而是自己的思想和信念。追求卓越,我们在每一件事情上都要做到出类拔萃,成功便会在不经意间追上你。

## 第 16 条　不断突破自我，激发自身潜能

在我们的生活中有很多优秀的人终其一生取得了不小的成就，而有些人的一生却是平凡的一生。这些人的区别在哪里？是因为学历吗？还是因为家庭的因素？答案肯定是"不"。与这些成功的人比，我们缺乏的是突破自己的勇气、坚韧的毅力和对人生目标的思考和定位，而学历和家庭因素只是一小部分。

有部分大学生进了象牙塔就好像进了保险箱，上大学是父母的期望，也是学习 12 年的最终目标，似乎小学、初中、高中的学习都是为了步入大学的校园。上了大学后，部分大学生就迷失了自我，没有了目标和动力，故步自封、追求享乐，似乎学习和人生都进入了一个围城。他们上课睡觉，下课打游戏，图书馆一学期去过三次以上的都很少，当毕业时却抱怨工作难找，学校不好什么也没教。而有的大学生却找到了前进的目标，例如考研、考公务员、努力考雅思出国留学，并愿意为这些目标改变自己，挑战自己，在通往成功的道路上一步一个脚印地不断前进。

高位截瘫的张海迪没有机会和正常孩子一样走进校园学习，却发奋图强，在病床上学完了中小学的全部课程，自学了大学英语等多国外语，并攻读了本科和研究生的课程。她有一个残疾的身体，需要面对常人难以想象的困难，普通人往往会选择放弃，寻求别人的怜悯和同情，但她却无数次与疾病抗衡，突破了自己命运的桎梏。想想张海迪，再来反思有着健康身体的我们。我们接受着教育，有老师教，可我们为什么没成为那样优秀的人呢？她可以突破自身缺陷，从而激发自身潜能，那我们呢？想要突破自我，要有一个积极向上的目标，如果没有目标，随波逐流，就无法突

破自我,更别提激发自身的潜能了。

其实突破自我是个过程,当我们不断做好一件件事情,完成好一个个小目标时,我们就慢慢变得优秀了。开发潜能的三大要素就是:高度的自信、坚定的意志、强烈的愿望。当搞清楚自己想要的是什么时,中途的艰辛将是另一种风景。当愿望实现时你的喜悦是别人所体会不到的,而你所经历的艰辛都将成为你人生中最宝贵的回忆。

✎ 辅导员日记

以前看过一篇报道,说华尔街的人都把自己的目标定得超乎想象的高,在旁人看来都是不能实现的。但他们却说,我也不知道能不能做到,但谁又能说一定做不到呢? 事实证明,那些年轻时有雄心壮志的人,大多成功了,虽然有的没有达到那么高的目标。

有一次一位空间设计专业的同学问我,怎么才能有好的前途?他学习一般,还有几门挂科,所以很没有信心。我问:"你相信以后你可以成立家装设计公司吗?"他说:"不行。"我说:"不要这么没信心,先不要这么快回答。"我说:"你会别的什么技能吗?"他说:"不会。"我说:"那只能干这个行业了。"他说:"怎么发展呢?"我说:"一般的设计行业赚钱有几个层次。一是进公司用技术赚钱,付出劳动力,获得报酬,做这个层次,只能养活自己,如果技术特别好,可能有盈余。这个层面,专业很重要,特别要懂得家装潮流需求。二是开工作室自己当小老板,所有利润都是自己的,可以养家糊口了,但前提是要有客户。这个层面,订单很重要,要有一定的人脉积累,能拿到大公司做不完的订单。三是产品,当客户比较多且获得客户信任时,向客人推销建材家具成功的可能性较大,当中的利润很高。这个层面,不仅要有客户,也要有营销的相关知识。四是聘请员工。当工作室业务拓展时,招聘一些员工,有别人帮助你赚钱事业就会起步了。做好这个层面,要具备较好的专业技能、稳定的客源、一定的管理知识。五是做成以室内设计为基础的家装公司,到了这个层面,就是综合性的家装服务场所了,服务项目多、产品多、客人多、员工多,收入自然也多。"

看着他为难的样子我又补充:"其实做到这些也不难,只要认真学习专业技术,为人诚恳,努力吸收别人的经验,做好几年的积累应该就可以了。现在,你感觉可以做到吗?"他说:"不行。"我有点惊讶:"为什么呢?"他说:"做不到。"我看了一眼他的宿舍同学,有的正在看电影,有的在打游戏,有的抱着手机聊天。我问:"你平时和他们一样吗?"他说:"是的,确实没办法专心学习。"我说:"道路已经给你指出来了,能否做到全看自己,命运掌握在自己手中。"

在回去的路上,我想明白了,这位同学对自己未来没有自信,是因为他故步自封、追求享乐,不愿意突破自己,还有就是没办法吃苦,下不了狠心改变自己。由此,我想到了平时一些学业困难的同学,有的迟到旷课,有的学习效率低下,有的根本不爱学习本专业知识,所以他们只能这样,混一天是一天,无法做成大事成就自己。每当我提醒他们要好好学习、出人头地时,他们都说做不到。

——摘选自辅导员工作案例材料

## 第 17 条　勇于迎接挑战，提高处理复杂问题的能力

从中国的近现代史来看,闭关锁国是行不通的,而开放所面临的就是机遇与挑战并存。当代大学生不可能处在不与外界有来往的环境中,不论是现在的学习生活还是未来步入社会,都要接受各种挑战。遇到挑战我们应该迎难而上,有了面对挑战的勇气,我们才能迈出解决问题的第一步。有信心、有担当、有责任心是大学生的必备素养,同时也是迎接挑战的必要前提。精彩的人生一定是由一个个挑战组成的,在我们的生活中,也从来不缺少挑战,挑战会让我们有成就感,挑战会让我们变得更加坚强。

我们都知道海龟都是在沙滩上破壳的,它们需要自己爬向大海,而回到大海的这一段旅程也是小海龟必须迎接的挑战,除了面对岸上的天敌,自身是否强壮也决定了它们能否从岸上爬到大海里,就算爬到茫茫大海中它们也依然要面对重重挑战。可是如果它们不面对这些挑战,他们面临的只有死亡。

自然界的优胜劣汰是残酷的,人类社会也不乏丛林法则,我们不可能永远躲在温室里,也不可能永远躲在父母的羽翼之下,我们必须要在学校里学好本领,做好充足的准备,才能直面未来的挑战。我们的社会充满了机遇,但是也充满了挑战,遇到难题不能总是寻求别人的帮助。迎难而上是一种勇气,要敢于挑战自己的极限,不然不会有能力的突破和大的成绩。大学生要敢于斩断退缩的道路,让自己集中精力奋发向前,在社会中争得属于自己的位置。

温馨提示

通往成功的道路上充满了沙漠和沼泽，当我们好不容易在沙漠中找到绿洲或在沼泽中找到高地时往往会欢欣鼓舞地歇歇脚，但我们不能忘了休息完要继续向未知前进，如果不继续勇敢地走下去，便无法实现最终的目标和理想。遇到困难不可怕，因为我们都会小心地应对困难，明白那正是向自我挑战的好机会。但是当我们处在顺境或取得成绩后，往往就会大意倦怠或故步自封，失去了战胜自己、超越自我、勇往直前的斗志。

社会风云变幻，所面临的挑战也不会停止，不论是谁都会面临挑战，只不过所面临的挑战不同而已。当你勇于迎接挑战的时候其实距离你成功可能不远了。而我们也应当不断丰富自己的知识储备，提高自己临危不惧的胆识，遇事胆大，解决问题心思细腻，从多角度去看待问题，相信我们也能成就自己的一番事业。人生最大的喜悦是每个人都说你做不到，你却完成了它！

学生案例

有些同学口才不好，不擅长与人沟通，有的见陌生人就躲在一边，有的怕跑调不敢开口唱歌，有的站在讲台上紧张得说不出话等，这些可能对你不是问题，但对于这些同学来说可能都是天大的挑战。每个人都会有擅长解决某个事物或某个领域问题的能力，也会有不擅长、不熟悉的事情，我们不能因为自己不擅长就不去做，不去尝试，故步自封，不思进取。我们不能忽略这些问题的存在，因为问题是不会自己解决的。我们要提高、要成长、要进步，就必须直面自己的弱点，解决了我们才会成长。我们要尝试用不同的方法去解决问题，要学会勤于思考并把一切落到实际上，学会理论联系实际去解决身边的问题，面对生活和学习中的挑战。有勇气去面对问题是处理问题、解决问题的前提。那我们要如何去处理复杂问题呢？

　　我们要勤于思考，有自己的主见，多读书、多实践。遇到问题时我们必须冷静思考，多听听别人的意见，但是一定要有自己的主见，不要做墙头草，觉得别人说的都是对的，要理论联系实际。而理论又从哪里来？就从我们的书本上来，但是再多的理论也解决不了问题，我们要从实际出发去处理问题，去提高我们处理问题的能力。站在不同的角度看一个物体，我们所看到的东西是不一样的，任何事物都不是一成不变的，任何人看任何事也是不一样的，所以我们要站在不同的角度看问题，多站在别人的角度去思考问题，站在不同的角度也会提高我们处理问题的能力。

# 第 18 条　在某一领域获得荣誉表彰

荣誉感是让人奋发前进的动力,它能让你关心周围的事情,使你充满朝气,使你想用自己的实力和能力去证明自己存在的意义。我们大多数人都有想被肯定、被认同的心理需要,对荣誉的崇尚其实就是自我尊重与自我认同。

在大学生活中,大学生不仅会在学习方面有国家奖学金、励志奖学金、校奖学金等各种层次的荣誉,在第二课堂也会有文体、艺术、科技竞赛等种类繁多的学生活动奖励。学校也会对学生中表现积极、能力出众的优秀者给予奖励。大学期间在某一领域获得荣誉表彰,是对自我付出努力的一次肯定和总结。它会激励我们更进一步在该领域探索的信念,这对大学生在某一领域的成长是十分有益的。

知道了荣誉对大学生成长的重要性,那缺乏荣誉感的人会是什么样的结果呢?一般缺乏荣誉感会使人失去主动帮助他人的意愿,在性格上相对也比较自我;同时,缺乏荣誉感的人自律性也相对较差,对生活不会有太多的期许;最重要的是对自己的价值认同比较差,更不清楚自己可以创造出多大的价值,长期的荣誉感缺失会产生自卑心理或者自信心不足。

青春的脚步匆匆,不容我们虚度,大学生应在自己喜欢的领域做些有意义的事情,全力以赴争取做到最好,不辜负这个伟大的时代,也为自己的青春留下绚烂的一笔。

## 几点建议

那大学生该如何在某一领域取得荣誉表彰呢？

首先，应该培养自己的荣誉感，荣誉感不是与生俱来的，在自己擅长的领域应当敢于和善于发扬自己的长处，同时在师长和同学们的肯定和鼓励中来感受价值，激励自己前行。

其次，善于挖掘自己的兴趣爱好和长处，同时多听、多看、多实践以扩大自己的知识涉猎范围，培养新的兴趣点。大学生活丰富多彩，在学习、团学、第二课堂里都会有许多的点可以发掘。善于学习的同学可以多参加学科竞赛；热心团学工作的同学可以多参加社会实践活动，服务同学，回馈社会；有文体艺术等专长的同学可以多参加校园活动。

最后，明确发展方向，认准某个领域后就要培养自己的匠心精神，坚持不放弃、不退缩的信念，持之以恒地做下去，一定会有收获。

# 会做人之自我觉知

所谓自我觉知，便是对自己的生理属性、社会属性和心理属性及其状态的认识和了解。

作为大学生，我们要时刻关注自己的形象和精神面貌，以一种积极向上的状态展示给大家，并且要了解我们在大学生活中的角色、定位、权利、义务，做自己该做的事，不可失了分寸。我们还要对自己的感知、记忆、思维、智力、性格、气质、需求、价值观等方面进行自我判断，只有从自己的意识层面进行"思"，才能知道该干什么，不该干什么，从而做一名符合时代要求和社会需要的大学生。

## 第 19 条　三省吾身，对自己有一个客观公正的评价

古人云："吾日三省吾身：为人谋而不忠乎？与朋友交而不信乎？传不习乎？"我们反省自己，是为了对自己有一个客观公正的评价，而客观公正的评价是更好地认识自己的开始，是为了让我们做一个更好的自己。

在希腊，圣城德尔斐神殿上铭刻着"认识你自己"的著名箴言，它常常被后来的哲学家引用，来告诫世人应该反省自己，正视自己。孔孟也曾论道：知人者智，自知者明。在世界的西方和东方，先贤圣人指导着我们反省自己，对自己有一个客观公正的评价。

反省自己，对自己有一个客观公正的评价是一种勇气。敢于正视自己，反省自己，这本身需要很大气魄。历史长河中不敢承认自己有所短的人也不在少数，秦始皇始终不敢直面生老病死，甚至晚年还妄图寻找丹药让自己长生不老，但他最终也只是在滚滚岁月流水中逝去。金无足赤，人无完人，每一个人都会有缺点……而当你剖析自己、反思自己时，不去回避自己的缺陷，那本身已是一种不可多得的勇气。

我们作为新时代的大学生，三省吾身便显得尤为重要，在生活学习中只有正视自己才能成就自己。水滴石穿靠的不是力而是不舍昼夜地坚持。当水滴知道自己的力是如此微小时，其实它已经找到了捷径，它知道自己不可能用力来征服石头，于是它选择了用"时间"来战胜石头的顽固。反省自己，认识自己，扬长避短，才能在激烈的竞争中获得一席之地，才能成为更好的自己，实现自己的人生价值。我们通过反思，客观地评价自己，找到努力的方向，选择努力的方式。

反思自己，我们需要开始行动。如果一个人只对自己的错误、缺点停

留在表面认识而不去用行动改变,那么仅仅反思自己也失去了意义。我们不但需要敢于承认自己的缺点和错误,更要敢于改正缺点和错误。"承认"是必要的前提条件,改正则是正视自己的核心力量。德国总理在犹太人纪念碑前的惊世一跪,修建纪念集中营,在战后全力以赴地处理善后问题,这一切已是正视自己错误的最高境界,有勇气承认过失,有勇气承担责任,更有勇气改正错误。

三省吾身,对自己有个客观公正的评价,也不能仅停留在客观公正的评价这个层面,更需要我们通过反思后不断改正,最后变得更好更强。我们将从雏鸟变为雄鹰,张开翅膀经风雨斗雷霆,一往无前越过江山万里,去闯出自己的一片天地。

## 第 20 条　看到短板并坦然接受努力改变

想必大家都听到过一个理论——木桶原理。木桶原理是由美国管理学家彼得提出的。说的是由多块木板构成的木桶,其价值在于其盛水量的多少,但决定木桶盛水量多少的关键因素不是其最长的木板,而是其最短的木板。有短板的存在,我们的能力就会受到限制,能力受限,在我们的生活和学习中将造成不可逆转的影响。

在我们的学习生活中我们要看到自己的短板,发现自己的缺点。那么怎么看待自己的缺点呢? 我不认为我们自身可以发现我们的全部缺点。正如有个笑话,一个上校在视察士兵时发现有名士兵扣子没有系,他十分生气,大声高呼,把扣子系好,然后士兵在瑟瑟发抖中把上校的扣子系上了。由此看来,我们大多数时候需要外界来发现自身的缺点。唐太宗说过,以铜为镜,可以正衣冠,以人为镜,可以明得失。发现缺点,也是促使我们进步的第一步。

同时,在发现自己的缺点时,我们需要坦然接受它,如果对自己的缺点抱以一种敌视、不承认的态度,从而不采取任何行动,那么发现了自己的缺点和没发现自己的缺点又有什么区别呢? 因此,坦然接受自己的缺点并努力改变是通向成功的必经之路。

那么,该如何改变自己,补足短板呢? 也许在改正缺点、补足短板的过程中,我们会遇到许多根本预想不到的困难,但是如果去努力克服它,最终会发现,我们的意志力比以前更强了。

补短板过程很难熬,这期间会有不计其数的诱惑,但无论如何都不要放弃,要相信自己,相信未来。还是那句古话"宝剑锋从磨砺出,梅花香自苦寒来"。奋斗是艰辛的,但真正的快乐只能由奋斗的艰苦转化而来,成功也是一样。补充短板,全面发展可以使我们更好地适应生活。

改变自己,从根本上说是对自己的再认识和再创造。当你发现自己需要做出改变时,说明你有很清醒的头脑。当我们面对逆境或坎坷时,马上意识到自己需要改变并能立刻付诸行动,已经能够达到"改变"的境界了。

我们终其一生都渴望成为优秀的人,人生殊途但其实目的地是一样的。我们的目的不是比谁更快,而是比谁更精彩。看到自己的短板,坦然接受并努力改变,相信我们每一个人都会变得更好,去遇见更好的自己。

## 第 21 条　找到闪光点并不断自我修炼

如何找到自己的闪光点,是我们一直在探寻的一件事情。人世间,每个人都是独立的个体,每个人都有属于自己的闪光点,找到了这个闪光点我们就可以在自己的人生中不断向前,让自己发光发亮。

我们都知道霍金是物理方面的天才,并且从少年时就身患绝症,相信这个事情放在大多数人身上都会使其丧失对生活的信心,但霍金找到了自己的闪光点,并且取得了巨大的成就。

姚明有着"小巨人"的称号,他凭着其身高的优势和自己的努力走进了 NBA。当年,他成为火箭队的中流砥柱,在 NBA 中有一席之地。他不是仅凭身高打球的巨人,而是技术与战术俱佳、进攻与防守兼备的 NBA 巨星。不仅如此,他还涉足公益事业,使自己接触的范围越来越广。

只找到闪光点而不去发挥它的作用和不知自己的闪光点没有区别。找到闪光点之后,还要通过自己的付出和努力才能收获成长。那我们应该做些什么呢?

第一,管理时间。每个人都有相同的时间,在街头我们经常会看到有工作能力的人却在颓废地乞讨,难道他们就没有属于自己的梦想吗? 与之形成鲜明对比的是,有的人能够在有限的时间里既完成辉煌事业又能充分享受亲情和友情,他们最根本的区别是在时间的管理上存在着重大差异。

第二,有目标、有方向。通常我们的遗憾往往不是目标没有达成,而是没有目标、没有方向。设定目标的目的就是指引我们能够走多远,它是我们每天奋斗的动力,也是我们不断前行的信念。

第三,管理情绪。情绪能改变人的生活,学会管理自己的情绪,不仅会对自己有所帮助,而且还会影响身边人的生活。正是如此,情商高的人可以控制、化解不良情绪。在面向成功的路上,不仅需要天时地利,还需要人和,学会情绪管理也是人和的一个重要因素。

第四,管理自己的行为。每个人都会有正确或错误的行为,我们要坚守正确的行事规范,不断将自我行为进行管理,以达到职业化行为规范的要求。能够对自己进行规范的职业行为管理,坚守职业操守,是具有优良职业素质的成熟表现。

第五,学习能力。学习是人类生存与发展的原动力。人不是生而知之,而是学而知之。知识和能力不是从天上掉下来的,而是从学习和实践中获得的。学习能力是优秀竞争力的表现,也是人类灵性的表现。

第六,自我反省能力。失败是成功之母,要经常反省自己,对事情有正确的看法和判断。这样可以不断地完善自己,每天反省自己,让自己每天都有一点进步,积少成多,从量变达到质变,最后取得成功。

# 会做人之诚信友善

对于诚信和友善的践行，应从以下几个方面概括。

1.增强培养自身诚信友善品质的意识。只有明确诚信与友善的内涵及其对自身和国家的重要意义，增强培养自身诚信友善品质的意识，我们才能诚信做事、友善待人。

2.脚踏实地，从小事做起，践行诚信友善。诚信友善意识的确立与培养非一朝一夕所能收获与完成，而是我们在日常交往和学习生活中就要留心并注意培养。

3.关注社会，注重实践，投身公益。没有人能独立生存在这个社会中，因此我们必须融入社会，注重社会实践，投身公益，感受人间冷暖，才能让我们对友善关怀的理解更为深刻。

4.明确方向，用实际行动践行诚信友善。远大理想的实现，必先从培德修身开始，在储备知识的同时，更要注重对自己诚信品质的培养。

## 第 22 条　把坚守道德底线作为人生信条

　　做人要有原则,要坚持自己的底线,这是每一个人应该坚守的。但是现实生活中却有很多人去挑战底线,有些人的行为经常突破底线,以至于走上了不归路。那些在监狱的服刑人员,他们中有些人不是没有理想,有些人甚至是因为自己急功近利、不择手段地想要达到目的才进的监狱。最终他们践踏了法律,漠视了道德底线。

　　人生的底线,就是道德的底线、良知的底线、人性的底线。人之初,性本善,当今社会中有着许许多多的弱势群体,心性善良的人会选择帮助他们,把“穷则独善其身,达则兼济天下”作为人生信条,这就是底线。

　　坚守底线是一个人获得他人尊重的开始。底线是不违反自己的本心,也不损害别人利益的原则。作为社会中的一分子,我们必须学会坚守自己内心的底线,因为坚守底线是一个人获得他人尊重的开始。世界并非完美无瑕,在我们身边可能会有一些人做一些不好的事,当你发现是不好的事情时,你应该选择保护自己,并且尽可能地保护身边的人,同时一定要坚守自己的底线。人只有坚持底线,并产生积极的影响,才能被社会接纳,获得别人的尊重。

　　从小我们就被要求德、智、体、美、劳全面发展。我们的老师和父母也把德育放在第一位,尤其是在立德树人、德育为先,倡导发展素质教育的今天,强调德、智、体等全面发展,重视学生的德育问题,非常重要。

　　那究竟为什么要先进行德育教育呢? 这和我们目前的社会现状有关。现如今家长们望子成龙、望女成凤的心理依然存在,学生生活基本依靠家人的照顾,自己只管学习就好。我们身边出现了越来越多的高分低能儿,他们生活自理能力差,甚至不具备独立生活的能力,丧失了作为人的基本功能,也丧失了作为人的底线,所以学校和老师都提倡德育和智育同等重要,不再只追求分数与学校升学率,更加注重学生综合能力的培养。

大学这个阶段正是学生世界观、价值观和人生观(简称"三观")形成的重要时期,积极抓住这个时期,重视对学生的品德教育,那么学生对于自己的"三观"和人生底线都会有一个明确认知,不会违规越矩,更不会违法犯罪。

## 第 23 条　处理好和家人朋友之间的关系

  我们生活在人际交往的大环境当中，与人交流是每日必不可少的。卡耐基曾说过："一个人事业的成功，只有百分之十五是由于他的专业技术，另外百分之八十五要靠人际关系和处世的技巧。"可见，怎样处理好人际关系是一个人社会适应能力的综合体现。对于大学生来说，培养良好的人际交往能力是大学生活的需要，也是大学生走向社会的需要。而和家人、朋友的相处更是我们大学生活中必不可少的一部分。

  家人，是我们每个人生命中最重要的一部分。他们和我们流着相同的血液，有着相同的习惯。与家人的相处也是必不可少的，因为他们是我们坚强的后盾。我们认为世界上有两件事情不能等，一件是"行善"，一件是"行孝"。但也许就是身边最亲近的家人，我们却不知道他们对于我们的重要性。我们都知道行孝要付出爱，然而往往我们懂却很少去行动。有的人会说，等我们有了充足的时间就会去行孝。试问，每个人的生命与时间不是掌握在自己的手中吗？事情的轻重缓急是由自己决定的，如果你认为工作重要，那行孝就只能安排在工作之后。其实忙碌时的一个问候，节日的一句祝福，家人们就很满足了。而且处理好家庭关系，也会为奋斗的你提供坚强的后盾，家人的全力支持，同样有助于你的事业发展。

  朋友，是我们生命中的另一个自己。都说君子之交淡如水，我们可以切磋学问、交流感情、相互学习。那么怎样遇见另一个自己呢？第一，相互了解获取必要信息，清楚朋友的兴趣爱好和生活背景。第二，正确的沟通可以帮助我们拉近距离，丰富思想感情。第三，朋友可以让我们充分认识自我，促进自我观念形成。而有效的沟通，既要着眼于自己，又要着眼于他人。当我们清楚地认识到沟通的意义和目的时,我们还应该懂得倾听,真心关注朋友的情绪和感情,赢得朋友的信任,建立深厚的友谊。和谐友好的人际关系是中国文化中和谐思想的重要基础。自古以来,中华民族就强调以和为贵,注重修身、齐家、治国、平天下。孔子说:"君子和而不同,小人同而不和。"孟子也曾说:"天时不如地利,地利不如人和。"所以作为大学生的我们要正确处理好和家人朋友之间的关系。

## 第 24 条　经常帮助老师和同学做力所能及的事

我们的生活就像耕种一样,我们耕种什么,就会收获什么。但是在现实的生活中,固有的思维模式使我们失去了对帮助本质的认识,我们一直认为帮助别人的意思就是要牺牲自己,别人得到了什么自己便会失去什么。例如,你帮助别人拿了东西,就可能耗费了自己的精力,耽误了自己的时间去做其他的事情。但是生活是丰富多彩的,很多时候我们去帮助别人,别人的需求得到了满足,当他人道谢时,我们的内心也会充满自豪感和满足感。也就是说,帮助了更多的人,我们得到的也将会更多。正所谓:"予人玫瑰,手有余香。"

在我们的人生中,每个人的生活都离不开其他人的帮助,因为自然界的一切事物都是普遍联系的,没有人能够脱离周围的事物而独立存在。我们在接受别人帮助的同时,也要学会帮助别人。我们生活在大学这个环境中,每个人都会遇到自己感到困难的事情,所以互相帮助在这个时候就显得特别重要。

帮助别人是一种美德,一个积极向上的大集体更需要这种美德。当我们帮助一位同学成功地学会运用软件时,看到他开心的笑容,内心会有种莫名的感动;当我们帮助老师整理文件、替老师传达消息时,感觉自己忙碌的人生又得到了升华。这些便是帮助的意义。狄更斯曾说"在这个世界上能为别人减轻负担的都不是庸庸碌碌之徒"。试问,哪一位大学生想做一个碌碌无为的人呢?哪一位大学生不是满怀期待地为自己的未来不懈努力呢?

互帮互助是我们中华民族的传统美德,在这条历史的长河中,一些模范榜样因为帮助他人而熠熠生辉。就像雷锋同志曾说的那样："人的生命是有限的,可是,为人民服务是无限的,我要把有限的生命,投入到无限的为人民服务之中去。"他们都是在用自己的行为、自己的力量去帮助那些需要帮助的人,使人与人之间充满爱与感恩。新时代中国特色社会主义的发展,少不了人与人之间的相互帮助。许多的事业都不是一个人一朝一夕能完成的,它需要大家的合作,只有人与人之间互相激励、互相帮助,才能取得成功。我们要始终相信一朵花组成不了美丽的花园,一个人做不出惊天动地的事业,众人前进才能齐头并进。正如我们生活在大学这个大家庭中,只有每个人都想着为老师和同学做一些力所能及的事,才能让我们这个大家庭越来越团结,越来越奋进,越来越强大。

当我们在帮助他人的时候,我们的付出是对自己,同时也是对别人的尊重。帮助他人就像生命之树下的一掬清泉,它像是不竭的源泉,我们付出得越多,收获的也就越多,内心的满足感也就越强。

# 会做人之德才兼备

德才兼备，顾名思义是指同时兼有优秀的品德和才能。

一是修德，二是修智，德才兼备，便是修身的理想结果。而修德又是修身的首要任务。无论做什么，先要修养好自己，学会做人。学校是育人的圣地。修身，自然是学校的主要任务，无论老师还是学生，无论智慧有多高，才艺有多超群，都要以修身立德作为最基础的条件，就是人们常说的"先做人，后做事"。事实上，一个人要学的东西很多：学求知、学健体、学审美、学劳动、学合作、学创造，样样都重要，缺一不可，但最为重要的是学做人。做人是根本，只有学会了做人的道理，才能真正学好其他的东西。

## 第 25 条　自觉向优秀的人看齐

　　古代先贤关于修身做人的论述很多,也十分精辟,如:"古之欲明明德于天下者,先治其国;欲治其国者,先齐其家;欲齐其家者,先修其身;欲修其身者,先正其心……"

　　德才兼备,是我们一生追求的理想结果。也就是说,老师或学生,无论智慧有多高,无论才艺有多超群,都要以修身养德作为最重要的任务。三人行必有我师,一个人要学的东西很多,学求知、学健体、学审美、学劳动、学合作、学创造,但最为重要的还是学会如何做人。

　　自觉向优秀的人看齐才能让自己更加优秀。古人云"近朱者赤,近墨者黑",虽然这句话并不是放之四海而皆准,但既然千古流传,必定有其道理。毕竟,人与人之间是相互联系并且相互影响的,你身上某些优秀品质可能影响到周围的人,你也可能沾染上他人身上不好的习气或是受之影响而有了不好的品行。基于这一点,我们一定要有意识地多结交一些有潜力的或者比自己优秀的朋友。当你周围都是一些优秀的人时,你自身也会不自觉地向他们看齐,从他们身上学习到一些自己所不具备的闪光点,这就是所谓的"见贤思齐"。

　　只有虚心向别人学习,做到取人之长补己之短,我们才会有进步。下面这个小故事要讲的就是这个道理。战场上,硝烟四起,天昏地暗,血肉横飞。虽然这场激烈的战争打得士兵们溃不成军,但一直在前方冲锋陷阵的将军却惊讶地发现,从战争开始到现在,一个小士兵始终跟在自己左右,英勇顽强地对抗着敌军,面无惧色。战争结束后,将军吩咐下属把那个小士兵叫到自己跟前,他赞赏地对小士兵说:"年轻人,你非常勇敢!在整场战争中,你是一个坚定地跟在我左右的人,在与敌人的对抗上,你英勇无比,没有任何却步。你怎么会有这么大的勇气呢?"小士兵听后毫不犹疑地回答道:"报告将军,我的勇气都是从您那里得来的。"小士兵的话让将军感到很纳闷,于是将军问道:"哦?可是我从来没有鼓励过你啊。""是的,您确实从来没有鼓励过我,也从未和我说过话。但我一直记得离家前父亲对我说的话,他告诫我在打仗的时候,要紧紧地跟着将军。这样将军的气势能感染到我,有一天我也终会成为将军。"小士兵父亲的话不无道理,能够当上将军的人,必然是足智多谋、英勇善战的人,经常和将军在一起,将军身上的特质也会影响到自己。所以,如果有志当将军,就应该多与将军为伍,向将军看齐。

另外,我们还需要向别人学习,既要学习对方的成功之处,也要善于从对方的失败中吸取教训,避免重蹈覆辙。这就是所谓的批判性学习。总之,尺有所短,寸有所长,人人身上皆有闪光点,人人身上也皆有不足处。如果我们能够客观地看待别人和自己,就会发现别人的优势和自己的不足,就会汲取他人的经验,从而使自己不断地完善。

## 第 26 条　大学期间如何做一件让别人信服的事

美国作家爱默生曾说"品格可以为青春增添光彩"。作为大学生的我们,不仅要学习知识,更要提升自身素养。当代大学生不应该碌碌无为,而应该有自己的目标和理想。大学是一个大熔炉,但在这里,我们要把青涩锻造成理智,把青春冶炼成智慧,养成良好的习惯。那么大学做一件让别人信服的事,就变得十分有意义。如果你不知从何入手,不妨就从以下几方面开始。

阅读思考,是做一件让别人信服的事的基础。"学而不思则罔,思而不学则殆"。在信息过载的时代,我们都是和时间赛跑的人。各种数字终端涌来的信息,逼迫着我们快速攫取与接收,我们开始焦虑、不安,总想在有限的时间里看更多的信息,所以对"5 分钟读完一本名著""3 分钟看电影""1 分钟速览天下大事"这样的短视频、短消息喜闻乐见。没有课堂之外的阅读与思考,就难以丰富自己的知识结构,没有知识结构做基础,我们就逐渐丧失了思考能力,找不到自己真正的情趣与志向,进而难以实现自身价值。

包容自信,是做一件让别人信服的事的格局。大学之大不在于其校园,也不在于其规模和学科,而在于大学的氛围。大学的学习,不仅学习前人的经验,也是学习前人挑战未来不确定性的精神,挑战各种既有理论的勇气,不断创新知识的经验,大胆拓展前沿的方法。只有这样,才能站在前人的肩上,以更加宽广的胸襟与视野,不念既往,不惧未来,更加从容、自信地面向未来,实现未来的大发展,让别人信服。

自主选择,是做一件让别人信服的事的方向。面对全球一体化,面对无处不在的网络信息的过载,选择成为人生新的更大的挑战。在大学期间,面对浩如烟海的知识,面对各色理论的碰撞,面对各种利益的诱惑,选择本身就成为一种能力,一种习惯。所以,我们要能够做出理性判断,决定取舍。

诚实守信,是做一件让别人信服的事的底色。诚实是一个人的内心与想法一致,表里如一。诚实守信是大学生个人成才的重要前提。德国伟大诗人海涅说过:"生命不可能从谎言中开出灿烂的鲜花。"

大学生活是人一生中难以忘却的经历。通过自己的探索与尝试,及时掌握新事物,接受新理念,时刻处于一种积极上进的状态,不断产生新的期盼和愿景,不断产生新的激情和动力,才能有合适的舞台,自身的积累和才能才能充分展示,从而赢得热烈掌声,让别人信服。

## 第 27 条　制订一份品德与才干的成长计划

毋庸置疑,品德与才干一直是对人才评价的两个基本方面。"有德有才,破格重用;有德无才,培养使用;有才无德,限制录用;无德无才,坚决不用"。但品德与才干并不是一蹴而就,一朝一夕就可以完成的,需要详尽的计划去获得,所以我们必须行动起来。

大一:大一是打基础的时候,这一阶段的学习应将重点放在通识课程上,逐渐适应和掌握大学阶段的学习方法,培养良好的自主学习习惯。当然在这一阶段,应逐渐培养自己的沟通、表达和写作能力,练好普通话。同时,要坚持每一天记单词和阅读,争取在第二学期通过四级考试,计算机也不能轻视。另外,保持一定的阅读量,要看一些专业书,丰富专业知识。同时,在这一阶段,要根据培养要求和自己的兴趣学好必修课和专业选修课,修够学分。

大二:在这一阶段,除了要稳固基础,开启专业知识的学习,还要浏览一下大三的课程,让自己从容过渡到高年级的课程。也可以浏览一下其他专业的课程,使自己的知识多元化。尝试一些与自己专业相关的兼职,体验不同层次的生活,培养自己吃苦耐劳的精神。另外,坚持学英语,毕竟通过四级考试不是我们学习英语的终极目标。在这一年,要能熟练掌握专业技术及相关实验操作,要学会从大一的粗浅理解课本到大二对本专业的钻研琢磨;同时,要广泛涉猎,读一些自己喜欢的书,比如管理思维、财务素养、历史学、社会学、经济学等,开阔视野,储备知识;还要着手准备职业规划,为自己接下来的两年打好基础。

大三:在这一阶段,结合自己的兴趣和市场所需规划未来。这一年要主动加深专业课程的学习,并把大四的课程尽量挤入大三这一年,以便在大四有相对宽松的时间去准备考研或者就业实习。要用心参加研究性专题的学习和实践,参与导师的科研活动,努力查缺补漏,完善专业知识,拓展知识面,为顺利就业和考研做准备。学习上更要注重实践能力的锻炼。

大四:大四是大学的最后一年,尤为重要。做事要果断,学会在最短的时间内对一件事做出正确的决定并制订一个可行的方案。大四进入总结阶段,意味着大学即将结束,但也意味着新的征程即将开始。大四要做充分的准备工作,无论是准备考研还是参加工作,都要加强自己与社会的沟通能力,无论选择如何,我们终将走向社会。所以,这个阶段不能一味地注重学习,要重新审视自己的规划,总结计划执行情况,分析不足的原因,重新调整,为自己的职业生涯打下扎实的基础。

# 会与人共处之自由平等

　　培根曾经说过"世上友谊本罕见,平等友情更难求"。在同他人相处的过程中,我们总会遇到各种各样的情况。在处理这些繁杂的事情时,我们要始终牢记,每个人都是平等的。秉持平等之心,是学会与人共处的前提。在交往过程中,我们要抱有积极的态度,以一颗谦虚之心,去学习交往,发现他人的长处,保持性格的独立,不过于依赖他人,不执着于他人的缺点瑕疵,提高自己的境界,做好真正的自己。

## 第 28 条　不依赖他人，公平公正地看问题

上了大学，很多学生会迷茫一阵子，不知道大学和高中的区别在哪里。我们认为，进入大学校园，首先，在思想上要培养独立意识，提高独立思考的能力，能够正确地表达自己；其次，要能够克服外在的阻力、诱惑，在学习、生活中不断成长，逐渐摆脱对父母、老师、同学的依赖心理，公平公正地看待并正确处理问题。

这种"独立能力"重点应该是关系上不依附、不隶属，思想上更开放、包容，这样才能自由平等地与人共处。罗曼·罗兰曾说："最可怕的敌人，就是没有坚强的信念。"在生活中与人共处，要做一个独立的人，即在有独立的思想的同时，还应具备独立的人格，具备独立学习、生活的能力。

大学生还要不断提高辨识能力，保有本心。在对待问题时，我们不能凭主观猜测去妄断，不能因亲疏远近而误定，要用心去看待生活中遇到的人和事，公平公正地对待。

现在的大学校园，"90后"逐渐消失，"00后"成为主力军，他们身上具有比较突出的特点。但大学培养人的初心和使命没有变，在新的时代，社会对人才的高要求也没有变。既然如此，我们可以从以下几个方面去思考如何不依赖他人，公平公正地看问题。

在思想方面，一个成熟的大学生应该具有独立思考和判断的能力。大学的学习生活不同于高中"备战式"的学习，大学生离开了父母的呵护，离开了熟悉的环境，面对不同的选择，必须要有判断和抉择的能力。

在实践方面，要有独立处理问题或事件的行为能力。因为在大学里，没有人会给你当"保姆"，所以大学生在生活上要有独立的自理能力。大

学生的学习生活不是单一的,总会遇到这样或者那样的人和事,也会接触到形形色色的场景,这就要求我们在学习工作、社会交往等方面遇到困难时,能够正确看待,独立、妥善地处理。

面对社会,要有强烈的责任感和使命感。当代大学生在培养独立性时,不要局限于眼前的小圈子、小利益,而要将其放于新时代中国特色社会主义建设的大背景之下,将自己的小理想融入祖国的大理想中,以时代的责任感、使命感去努力改善自己,不断增强自己的综合素质。

当然,不依赖于他人,并不意味着让我们独来独往,不接受其他同学或者老师的帮助,人的社会属性让我们离不开群体的帮助。"一个篱笆三个桩,一个好汉三个帮"就是这个道理。

## 第 29 条　落落大方，交往有度

　　人是群体性动物,人的社会性,使得我们无法独自生活,必须在繁杂的事务中时时刻刻与他人交往。在交往中,我们不仅要注重一个人的外在仪表,而且要注重内在的修养。而要想提升自己的内在修养,就要丰富自己的学识,修炼自己的品格德行,内化于外就是要落落大方,交往有度。

　　大学一年级的学生往往会因"交往过密"而生出许多人际关系问题。这主要是因为大学生多数是第一次离家,经过军训的磨炼,同学间感情变得格外亲密,但逐渐步入学习生活的正轨后,过密的关系更容易产生矛盾。因此,在交往过程中,遵循人际相处的一些基本原则就变得很重要。比如在交流时,我们要懂得尊重他人的隐私,不好奇,不窥探;在交谈中,我们要尊重他人的交流习惯;在交往过程中,我们还要做到不随意传播他人的秘密,等等。

　　让人感觉落落大方很重要的一点就是不要过于自我。在交往中,不能因为他人与自己性格不同,身份不等,就表现出不耐烦;也不要因为自己的职务、地位不如人家,或某些外在的表现不佳而过分自卑。要做到既正视自身的不足,也要敢于展示自身的优点。

　　懂得替他人着想,从他人的角度去看待问题会让我们更有人缘。人与人之间要互相理解、信任,要懂得换位思考,在与人共处中要以宽己之心而宽人,不苛求于他人。

　　理解至上是一种处理人际关系的思考方式。在他人取得成就时,我们应该由衷地表示祝贺,在别人失落时,我们也要不失时机地去安慰他们。在与他人交往的过程中,要多看到别人的优点,不执着于小事,将精力集中于重要的事情上面。

在交往和合作的过程中,我们还应该不失时机地多交流和沟通。在参加活动或者合作时,难免会遇到这样或者那样的误解,这时,我们更要及时与他人沟通,消除彼此间不必要的误解,增进交流和理解,以达到双赢的目的。

当然,在人与人的交往和沟通中,适时地掌握沟通技巧很关键。在和他人交流时,我们要做到有礼有节,精力集中,尽可能照顾到别人的感受和心情。在一些敏感环境中与人交流,还应注意言语的措辞,不应带有强烈的感情色彩,即便讲道理,也要顾及他人的感情和自尊心,把握好说话的尺度和时间点。

## 第 30 条　不以家庭出身论英雄

能够进入大学学习深造,相信大家都能明白一个道理,即命运是掌握在自己手里的。评定一个人应当看他的能力如何,而不是以家庭出身论英雄。

大家都认为一代伟人毛泽东慧眼识英雄。也许,我们更应该认为正是毛主席"不以出身论英雄",才更能"慧眼识英雄"。毛主席对项羽和刘邦做过研究和对比后曾感慨"卑贱者最聪明,高贵者最愚蠢"。在毛主席看来,项羽最后的身死国灭与刘邦建立强汉,刘邦的政治才能起到了关键作用,然而这种才能的形成似乎又与两者的出身有关。刘邦之所以能够打败项羽,是因为刘邦和项羽有着本质的不同,底层出身的刘邦更熟悉和了解社会生活,更懂得人民的需求和心理变化。

同样,一代战神韩信是布衣出身,唐朝大将李绩也是贫苦大众出身,最后他们也都靠自己取得了成就。在通往成功的道路上不会总是一帆风顺的,我们无法选择自己的出身,但我们可以选择通向成功的道路。21世纪的大学生更应该发扬中华民族的传统美德,靠着自己去努力奋斗,不要戴着有色眼镜去看他人,不以家庭出身论英雄。

唐太宗曾感慨"且何代无贤,但患遗而不知耳",意思是说哪朝哪代没有贤人呢,只是没有被发现,不被人们所了解罢了。毛主席就是看到了"卑贱者最聪明"才"英雄不问出处",正是由于他没有门户之见,知人善任,唯才是举,任人唯贤,不拘一格,才吸引一批又一批有志之士来到他的身边,最终建立了中华人民共和国。为了防止用人的片面性,毛主席认为在选拔干部的时候,必须要善于识别干部,不仅要看干部的一时一事,而且要看干部的全部历史和全部工作。

世界何其大,我们所处的环境何其小,我们交往的人见识的事又何其局限,因此与人共处,不以家庭出身为出发点很重要。我们要放大自己的视野,自由平等地与他人交往,用无限求知渴望去打破固有的枷锁,体验人与人之间更具魅力的思维碰撞。

一点感悟

自由平等地与人共处,前提还是要突破自我的局限。从思想到行动,从环境到社会,只有跳出自我束缚,改变自己,升华对世界的认知,才能在复杂多变的社会中做到自由平等地与人相处,做到泰山崩于前而色不变,成为会与人共处的高手。

# 会与人共处之开放接纳

　　进入大学校园，我们不能故步自封于自己的小天地中，要勇敢地走出去，接受新鲜事物。世界在进步，时代在改变，我们要勇于接受新鲜事物，学会尝试和接纳。

　　生活在世界上，大家都在自觉不自觉地书写人生。写得好写得坏，写得厚写得薄，写得平庸写得精彩，全看自己如何运笔。让我们用一颗开放接纳的心去拥抱他人，拥抱未知吧！

## 第 31 条　学会换位思考，能接受新鲜事物

换位思考是人与人之间一种潜在的心理体验过程。当我们能够做到换位思考的时候，也就说明我们在思想上、感情上可以站在他人的立场去考虑问题，从心底愿意帮助他人。我们在慢慢地以这种方式考虑的过程中，也就一点点地提高了我们的眼界和格局。

人活着需要与各种各样的人交往，同时也需要我们学会与人相处。在与人相处的过程中，每一次的思考都是对自己的一次整理和反思。很多时候，我们无法只依靠自己的力量去完成梦想，也需要他人的帮助。人与人之间换位思考有利于帮助我们取得成功，就好像学生有老师的帮助，病人有医生的帮助一样，这样才能更好地解决问题。所以我们需要与许多人接触、交流，这样我们的生活才会更好。

在我们接受他人生活的同时，我们不能故步自封于一隅，要勇于去探索新鲜事物。不害怕失败，敢于去尝试，当然不是让我们不计代价，用蛮力去硬闯，而是在面对新鲜事物时，我们要做到有一定的辨别能力，可以分辨出这些事情的真伪和好坏，在不断学习实践中，一点一点地提高自己的眼界。在善于发现和接受新鲜事物的过程中，我们要不断地拓展思维，使我们与时代接轨，提高学习新知识的能力。

随着社会的发展和科技的进步，我们的生活正在向前发展，而越来越多的新生事物也在不断地刺激着我们的眼球，冲撞着我们的生活。在面对快速发展的社会和形形色色的新事物时，我们应该选择辩证地接受，而不是拒绝和逃避。想要生活得更加美好，对于新事物，我们必须要开放接

纳,不断地学习与尝试,进而帮助我们改变不适应时代发展和个人成长的生活习惯。

　　学会换位思考,多与他人进行深层次的交流,尝试接受新鲜事物,世界定然会大不相同。

## 第32条　发现他人长处，培养人际交往的能力

世界上没有两片相同的叶子。我们在与人交往时，总会遇到许多不同特点的人，有一些可能是我们喜欢的，有一些也许是我们厌恶的。面对来自天南海北、各具特色的同学，我们又该如何与大家相处呢？也许，下面的一些想法和建议能带给你一些好的思路。

在与人相处的过程中，我们要将眼光聚焦在别人的优点之上，要善于发现和学习他人的长处。每个人都不是尽善尽美的，每一个人都会有不同的缺点，同样，每一个人也都会有属于他自己的闪光点。

在面对来自不同地域的同学时，我们应该摒弃成见，怀着一颗包容之心，主动与人接触。在待人接物上，我们要秉持以诚待人的原则，不能随意地阿谀应付，更不能心存隔阂地与人交往。相信每一个人都希望能遇到和结识最为真诚的朋友。

在面对不同的朋友时，我们要保持平和的心态。不同的人有不同的性格、不同的思想、不同的行为，面对他们，我们如果能够多一些赞美，少一些牢骚，也许会变得更受欢迎。

在人际交往中，我们还要做到善于倾听。在与对方交谈时，我们不因自身的喜好而妄下论断，不因话题的不投机而敷衍了事，尊重对方的观点，做到不随意打断对方，不臆断对方的话语。待对方表述完观点和想法后，我们再完整地表达自己的想法也许更好。我们要承认，有时候，一个不经意的眼神便会迅速拉近人与人之间的距离。

我们在面对他人时，还要有坚定的信心，要相信这件事情我能行，我一定能做好。在人群中不要胆怯，要坚定地认为，我们自己就是那个最受

欢迎的人,一定可以被大家所喜欢。一个积极的心理暗示,往往可以让我们更加快速地融入新的团队。

我们相信,只要在人际交往时秉持一颗真诚的心,善于发现他人的长处,我们就一定能有所收获,一定能提高人际交往能力。

✒ 寓言故事

当与人交往遇到困难时,不要灰心,不妨想一想我们小时候学到的一则小故事。

**长颈鹿和山羊**

在茫茫的大草原上,居住着许多动物,其中包括长颈鹿和山羊。

一天,这两个骄傲的家伙正巧碰到了一起。长颈鹿看见山羊是一个矮个子,便讥笑说:"哎,矮个子,你看我长得又高又大,多好啊!""高?有什么好?"山羊轻蔑地说。他们便各自寻找着长得高和长得矮的好处。

一天,长颈鹿和山羊都想过同一条河,河不深,但对山羊来说却太深了,他不得不求助于长颈鹿。长颈鹿带着山羊渡过河后,神气地说:"长得高好吧!"山羊很不服气,便继续寻找着长得矮的好处。

正好有一天,长颈鹿和山羊都想吃牧场里的草,可是长颈鹿因为长得太高而进不去入口。看见山羊吃草的样子,长颈鹿心里痒痒的,忍不住问了一句:"好吃吗?""当然好吃了!"山羊得意地说。接着,山羊又说了一句:"长得矮好吧!"

牧场的主人是一个聪明人,他听到了他们的谈话,说:"长得高和长得矮都有着各自的好处,何必争来争去呢?"长颈鹿和山羊听了,都羞愧地低下了头。

　　同样,每个人都有自己的长处和短处,不要嘲笑别人的短处,一定要善于发现别人的长处来弥补自己的短处。

　　故事虽然很浅显,但道理很深奥,值得我们去探究、去学习和改变。

## 第 33 条　让大学宿舍成为第二个家

　　进入大学,每天超过三分之一的时间是在宿舍中度过的,可以说,大学宿舍是大学学习生活中最重要的地方之一,除了和父母的家外,大学宿舍也应该成为我们人生中最为重要的第二个"家"。

　　一个家庭需要有物质文化、制度文化和精神文化支撑其正常运转,同样大学宿舍也需要这些。只有这样,宿舍才会更有家的氛围。

　　物质文化是大学生寝室文化的基础,可以将它理解为宿舍内基础设施的摆放、物品的布局、环境的整洁等,这是大学生活中必不可少的部分。一个整洁的宿舍是每一个人所期望的。合理的宿舍物质文化建设有助于美化寝室环境,帮助大学生提高精神面貌,促进大学生世界观、人生观和价值观的形成。

　　一个好的环境,一个良好的物质文化需要我们大家来努力维持。那么大学生宿舍的制度文化建设便是这一机制的重要保障。一个健全有效的制度,有助于规范和提高大学生的生活行为秩序,以规范化的制度来引导学生的行为,进而提高大学生宿舍的管理效果。此外,行之有效的寝室文化制度对学生的教育有着重要的影响。良好的制度可以协助学生养成良好的生活习惯,有助于培养良好的品质。

　　对于宿舍文化而言,精神文化建设是其重中之重。宿舍中的成员来自五湖四海,不同的文化差异必然会产生诸多的不习惯与不方便,日积月累,很难不产生矛盾。那么如何消除矛盾呢? 这就需要建立一个良好的精神文化环境。精神文化是宿舍文化建设的灵魂。宿舍没有它就相当于人没有灵魂。良好的宿舍精神文化有利于帮助大学生形成正确的观念和道德情操,使得大学生产生共同的兴趣和爱好,同时也有助于大学生提高自己的人际关系和交际能力。

总之,大学生活是丰富多彩的,一个温馨的宿舍会使大学生活更为充实与快乐,良好的宿舍环境有利于大学生交到更多志同道合的伙伴,使大学生活更为美好。

# 会与人共处之团队协作

　　团队协作的重要性显而易见，无论是学习方面还是生活方面。那么，什么是团队协作呢？我们认为就是发挥好团队的力量，互帮互助，以提高团队最大的工作能力，达到最好的效果。团队中的全部成员，要做到各尽其能，相互协调与合作。在团队协作中，每个人都有自己的职责，每个人的能力也不尽相同，只有认清自己，明确自己的定位，才能更好地发挥自己的优势，最大限度地奉献自己的力量。认识到这一点，我们就能充分地意识到自己是团队中的一分子，有责任为了整个团队的利益而努力奋斗。

　　优秀组织的凝聚力就是良好的团队精神。团队精神要想在工作中产生影响，离不开团队对共同目标的不懈追求，离不开团队对荣誉的格外珍惜。通俗地说，好的团队协作就是几个人共同地、有计划地、有意识地进行战斗，而不是像 CS 中冲锋式的自杀行为。

## 第 34 条　深度感受并坚信团队的力量

"科学家不是依赖于个人的思想,而是综合了几千人的智慧。许多人想一个问题,并且每个人做其中的部分工作,添加到正建立起来的伟大的知识大厦之中。"著名原子核物理学之父卢瑟福这句名言正是讲个人和团队之间的重要关系。

成功不是一个人的"独舞",而是一个团队的"大合唱"。马克思曾说:"我们知道个人是微弱的,但是我们也知道整体就是力量。"刘备也说:"出谋划策,我比不上张良;治理国家,我比不上萧何;带兵打仗,我比不上韩信。这三人乃人中豪杰,有了他们的帮助,我才获得了天下。"看古今历史都可说明,做任何事情要想在竞争中拔得头筹,团结协作很重要。如今市场秩序的日益完善和市场竞争的日益激烈,坚信团队的力量并不断增强团队协作能力更容易实现自我价值。

回看近代中国企业的发展史,不成功的企业比比皆是,他们不是缺少人才,不是缺少技术,不是缺少营销策略,他们缺少的是团队协作的企业精神和文化。曾经负债 147 万元的小工厂海尔,董事长张瑞敏在上任后用其极具个人色彩的领导方式聚集了整个团队的力量,历时 15 年发展成为中国家电品牌的领军者,完成华丽蜕变。海尔的成功并非偶然,张瑞敏的团队协作能力不容小觑,他让海尔员工的汗水积聚到一起,凝聚成一股洪流,超越一众品牌。

凝聚让力量更大,团结使目标更明确。一个人埋头苦干,总不如两个人相辅相成。对于每一名成员,团队协作提供了良好的工作、学习氛围,充分激发了成员的积极性。所有人都积极参与团队的每一件事,那么这个团队肯定会富有活力和创造力。

## 怎样形成团队凝聚力

分工做到公平公正。每个团队成员的工作量要做到平衡,如果出现工作量分配不均,团队成员极易产生矛盾和分歧,导致团队的发展止步不前。

明确工作职责。在团队工作中,职务不同职责也不同。对团队来说,做好详细的工作分工以及每个岗位的工作职责显得尤为重要。大家都在分工范围内各尽其责,更有利于工作开展和团队发展。

激昂的工作气氛。管理者应用自己的热情去感染团队中的每一个人,时刻注意团队中的工作气氛,让每一个成员都精神饱满。

张弛有度。紧张的工作环境会让人感到压抑和不适应,管理者应给予团队成员自我调整的机会,该工作时就严谨工作,该放松时就痛快放松。

## 第 35 条　准确定位自己，在团队中扮演重要角色

团队就是实现 1+1>2，那么作为其中的"1"，我们要清楚地知道自己在团队中想干什么、能干什么、最终又要干成什么，这是准确定位的关键，决定了我们将要扮演什么样的角色。

许多同学上了大学后仍对未来十分迷茫。许多同学在高考填报志愿时，对专业并不了解，选择专业也只是"随大流"。当初上大学选择的专业是真正适合自己的吗？又如何能准确地定位自己并且做出改变呢？

曾经遇到过这样一位同学，他学习成绩优异，高考后进入大学，选择了电子信息工程专业。经过一个学期的学习，这位同学始终对自己的未来很迷茫，经过不断地与老师、学长们探讨，结合自身的兴趣点，他对自己的未来有了初步定位，在学好专业课的同时，将数学作为自己的爱好进行充分挖掘。

在大一下半学期，这位学生就申请建立了数学建模社这个小众社团。他充分发挥了自己在数学方面的兴趣优势，带领建模社的同学们参加各类比赛，拿下很多大奖，不仅使这个小众社团全校闻名，还找到了自己人生的奋斗方向。后来，他以数学建模社的成员为原始团队，创立了自己的教育培训机构，培养了许多热爱数学的学生。

准确定位自己，才能在团队中展示更好的自己。如何才能准确定位自己，最大限度地发挥自己的特长呢？那就是要认清自己，明白自己该做什么。命运掌握在自己手里。要使自己的努力有效，实现自身价值，很重要的一点就是自我定位，发现自己在团队中的优势，准确地完成自己该做的，最终为团队做出贡献。要想让自己更好，还要不断努力，不断地去实

践。人生的目标确实很难实现，但是如果不努力，那么连实现的可能都没有。

这是一个靠团队的社会，但团队里的每个"1"都是不同的，找到自己的闪光点和不可替代点，才能在团队中扮演重要角色。我们不是说每个人都应该成立数学建模社，成为团队的带头人，但每个人都应该知道自己喜欢的是当下选择，还是更擅长、更热爱的未来期待。明白了想要的，对自己有一个准确的定位和目标设定，即便只是在流水线上做一名操作工，也能成为让众人羡慕的劳模。

## 第 36 条　尝试担任一次重要活动的组织者或协调者
——一次组织感恩晚会的经历

　　大学第一次，也是人生第一次我被安排组织感恩晚会，至今仍然记忆犹新，这是我人生的一个转折点。

　　每年组织一次感恩晚会是学生会的传统活动，目的是通过一系列的活动，让大家更深刻地体会"感恩"的意义，让同学们懂得感谢父母养育之恩，感谢师长教诲之恩，感谢同学帮扶之恩，感谢学校培育之恩，感谢社会关爱之恩，感谢自然赐予之恩。

　　感恩活动分很多内容，我被安排负责最重要的感恩晚会。在我的印象中，这个活动规模很大，参与人员很多，一时间我无从下手。

　　虽然最开始我打算放弃，但是想到能接手这样大的活动也是荣幸，同时能得到很好的锻炼，就想着要努力做好。我组织文艺部成员开了一个会，要求每人交上一份策划书。但考虑到这样从众人之中筛选策划书不仅浪费时间，而且策划书的内容也不完善，所以我在会上临时决定先和大家一起就感恩晚会进行"头脑风暴"式的讨论，并且现场理出了几个策划思路。

　　会议最后，按照活动的每个环节，我把每人需要写的策划书进行了分工细化。这样一来，不仅提高了效率，还让策划书更统一，更有质量。策划书收上来后，我用了一上午的时间把所有的策划书都审核了一遍，基本符合活动的要求。事实证明，确实节省了很多时间。

　　在进行主持人选拔和节目征集工作时也出现了许多问题。海选出来的主持人基本不适合晚会要求，节目准备得也不充分，有些节目形式根本不符合感恩的主题，这样选拔出来的主持人和征集的节目，肯定会影响整个活动。后来文艺部集体讨论决定，抽出文艺部成员再次筛选节目并进行有针对性的编排，我负责主持人选拔。这样一来，节目的质量有了很大的提高，主持人也找到了合适的人选。

后来，对外联部拉赞助、嘉宾的邀请、节目的彩排等也做了许多协调，使晚会的质量提高很多。

最后，活动圆满成功，我得到了老师和大家的认可。我认为，这次活动成功的关键在于我敢于尝试并且认真听取了大家的意见，我们相互配合，勇于面对困难并竭尽全力去化解它。

这次全过程组织协调活动的经历对我的大学生活乃至以后的人生都意义重大。也是因为组织这次活动，让我一步步从干事走到了主力学生干部的岗位上。

——摘选自某高校优秀毕业生事迹分享案例

# 有感恩之心之珍爱生命

怀胎十月,呱呱坠地,人们伴随着哭声来到了这个美好的世界。几十年风雨兼程,人们又伴随着别人的泪水离开。我们不能延伸生命的长度,但可以决定生命的宽度。生命是短暂的,但生命是美好的,拥有生命才能享受生活。所以,生活中无论遇到什么样的挫折和苦难,都应珍爱生命。

人最宝贵的是生命,生命对每个人只有一次,那么这仅有一次的生命该如何珍惜呢? 首先,要树立良好的安全意识,加强自我防范能力,抵御外界不必要的伤害。其次,了解自身的健康状况,加强锻炼,强健自我体魄。最后,以感恩的心理解生活赐予的一切,尊重生命,对生命怀有感恩之心。

## 第 37 条　树立良好的安全意识

安全对大学生来说有多重要？安全是我们完成学业的重要保证，是我们健康成长的基本条件。毫不夸张地说，安全是开展一切活动的基本保障。

大学生有个性，易冲动，思想单纯，安全防范意识淡薄，往往成为打架斗殴、酒后滋事、恋爱纠纷、物品遗失被盗、交通事故、网络诈骗、传销等校园安全事件的受害者。

下面让我们看一组本可以避免但确实发生了的案例。

1.充电宝长时间充电，引起电线短路起火，进而宿舍起火，室内物品全部烧毁。

2.宿舍内用热得快烧水，暖壶水烧干引起火灾，宿舍内物品全部烧光。

3.一对情侣因恋爱纠纷，发生口角，男生把女生推倒在地，致使女生右臂受伤，最终男生支付医疗费用和赔偿金。

4.一男生参与传销活动，学费、生活费全部被骗光，个人和家庭承担巨大压力，最后辍学。

意外事件的发生，总是存在它的必然性，我们自己对安全的不重视而导致的一些不可挽回的后果，将严重影响到我们的家庭以及我们自己的将来。

提高安全意识的重点不是"知道"，而是要切实执行，用行动避免危险事件的发生。比如防盗，贵重物品要单独存放，养成随手锁门关窗的习惯，随身物品不离开视线，发现可疑人物及时报警；再比如防火，要提前熟悉逃生路线,提前学会自我逃生必备知识,平时注意安全用电。尤其还要防诈骗,如收集资料,行骗家长;中断通信,谎称行骗;求助为名,骗取信任;套取密码,偷梁换柱;假冒身份,借钱行骗;冒充学生,推销诈骗等。这些看似大家都能轻易识破的伎俩,却能实实在在地骗到许多大学生。所以,遇到此类情况,大家一定要擦亮自己的"火眼金睛",以防受骗。

宿舍板报

**安全思想　念念不忘**

光阴似箭,暑假来临,安全思想,念念不忘。

关窗锁门,断水断电,搞好卫生,物品高置。

各种卡证,随身携带,来回往返,结伴同行。

安全问题,反复叮咛,苦口婆心,一讲再讲。

安全第一,人人牢记,值班大爷,盼你返校。

## 第 38 条　敬畏生命，关注身心健康

这个世界自从有生命开始，上天就赋予其神圣的使命。珍惜生命，生命对于每个人来说，不可能有第二次。生命的力量亦是强大的，所以才有了今天这个繁荣、富有生机的世界。

《敬畏生命》有这样一句话："不论何时不论何种方式，我的生命对另一个生命贡献出他自身，我的生命意识就经历了一个从有限到无限融合的愿望，在这个愿望中，所有的生命是一个整体。"

在中国，不少祝福的话里都有"祝您身体健康"之类的话语，其实这也体现了人们对生命的关怀和对身心健康的重视。

每个人在社会中扮演着不同的角色，但同时又是不可或缺的一个角色。所以，我们应该敬畏生命，珍惜健康，因为一个生命的存在并不是独立的，而是牵连着许许多多关心他、爱护他的人。即使是为了自己，为了爱自己的人，也请敬畏生命，珍爱健康。

### 典型事例

某本科院校二年级女学生王某，来自沿海城市，喜欢旅游。2017年 5 月的一个周末，王某利用双休日到苏州旅游，于周日晚乘坐飞机返程，并约滴滴顺风车将其送至学校。晚上 11 点左右，王某在宿舍群内告知大家马上到校，烦请舍友让宿管员为其留门，之后便音讯全无。随后，学校接到派出所电话，称王某在某高速路口发生车祸，车内

人员当场死亡。

事件发生后,同宿舍同学出现了一些强烈的情绪和行为反应:上课气氛沉默压抑,有的否认事实,不敢置信,沉迷于对逝者的思念中;有的难以集中精力学习,常常私下哭泣,食欲下降,连日失眠,害怕待在学校等。辅导员及学院领导在了解该情况后,联系校心理中心对宿舍同学进行了心理辅导。

团体辅导结束后,心理中心的老师对班级辅导员老师、学生进行了电话回访,继续追踪评估了班级学生的身心健康状况:同学们已经逐渐放下王某去世的事情,既不关注此事,也不刻意回避此事,情绪平稳,已回到正常的学习、生活中;部分同学的恐惧、焦虑、食欲不振、失眠等应激状况已基本消失;班级同学之间变得更亲密、更团结,凝聚力更强。

## 第 39 条　制订适合自己的健身计划，有良好的生活习惯

习惯，这是一个常见的名词，它的意思是逐渐形成、不易改变的行为。培根曾经说过，"习惯的力量是巨大的"。成为什么样的人，100 个人会有 100 个答案，这是习惯的力量，它会影响人生的进程。人们的日常活动有 90% 都是出于习惯。如果我们改掉坏习惯并坚持好习惯，我们至少可以在生活方式上得到 90 分。

良好的生活习惯可以产生巨大的正向力量。良好的生活习惯不仅保障了我们的身体健康，而且还保障了我们正常的工作和生活，所以我们应该培养良好的生活习惯。

1.洗漱是必不可少的，一定要做好个人卫生，多洗手，吃东西前一定要把手清洗干净。

2.早睡早起，闹钟一响就起床。据科学研究，闹钟响后赖床的习惯对身体不好。

3.三餐定时定量，早饭要吃得有营养，午饭一定要吃饱，晚饭最好吃七分饱。

4.平时要注意劳逸结合，保护好眼睛，适当让眼睛休息。

5.保持锻炼。适当的锻炼有助于身体健康。

另外，我们很有必要制订一份好的健身计划。健身计划是养成良好生活习惯的一部分。如何制订一份好的健身计划，可以从以下几个方面进行设计。

首先，要对自己的身体状况做全面检查和健康评估，然后根据自身情

况,制订劳逸结合的健身计划。

其次,执行计划并适当进行休息,不熬夜,不赖床。

再次,三分靠健身,七分靠饮食。身体所需各种营养物质应当怎样摄取要有一个规范。健身饮食分三类:一是主食类,二是副食类,三是水果以及饮品类。主食应以粗粮为主,副食以蔬菜和富含蛋白质的肉类为主,脂肪含量较高的食品尽量少吃甚至不吃,饮品类以水果汁为佳,补充身体所需维生素。

最后,要对健身计划进行调整。没有什么是一成不变的,健身计划同样如此。健身过程中,可以根据自身情况不断调整计划,使计划更适合自身状态。

# 有感恩之心之志愿精神

/YOU GAN'EN ZHI XIN ZHI ZHIYUAN JINGSHEN/

联合国原秘书长科菲·安南曾提到志愿精神就是指奉献、友爱、互助、进步。作为新时代的大学生,我们应自觉做中华民族传统美德的传承人,社会主义道德的实践者,新型人际关系的倡导者,积极投身于志愿活动中来。

让我们从帮助身边的人开始,从生活中、学习中点滴小事做起,为身边的同学提供温暖。一个人的力量是有限的,而大家的力量是无限的,把志愿精神传承下去,一人带十人,十人带百人,把志愿精神变成一面永不褪色、永放光芒的旗帜,在祖国的每一片土地上散发光芒。

## 第 40 条　把帮助身边人当成奉献爱心

　　奉献爱心是一种主动、自由、愉悦的行为,并不是要我们捐多少钱,做什么轰轰烈烈的事情,而是帮助身边的人做一些力所能及的事情。奉献爱心就是让自己多一份责任,给予他人一份帮助,这样社会就多了一份温暖。爱默生曾说:"人生最美丽的补偿之一,就是人们在真诚地帮助别人之后,同时也帮助了自己。"所以,当我们在帮助别人的时候,也就是在帮助我们自己。

　　经常献爱心也是热爱生活的一种表现,可以让我们的生活变得积极向上,充满阳光。一个人虽然没有很多钱,但他能经常主动地去帮助他人,从来不吝啬自己的爱心,在别人遇到困难时,总能及时伸出援助之手,那么,他一定是个热爱生活的人。因为他从来不会由于自己过得不好,而选择拒绝帮助他人。他会在帮助别人的过程中发现生活的乐趣,从而对生活充满期待,会觉得生活处处都是阳光。这样的人在奉献爱心中得以满足,让自己的生活过得充实而有意义。

　　很多时候,我们会抱怨身边的人不好相处,找个知心朋友很难,其中最重要的原因就是我们平日考虑自己过多,关心他人太少。如果一个人平时只考虑自己,对他人漠不关心,自私自利,就很难交到知心朋友。真诚帮助别人,别人才会拿出真心对待自己。

　　纵使世态炎凉也要把感动存在心间,纵使淡漠无边也要保留崇高信仰。我们应该怀着一颗互助友爱的心关爱我们身边的人,把帮助身边的人当成奉献爱心,在奉献爱心中完善自我,在奉献爱心中实现我们人生的价值。个人的力量是有限的,而大家的力量是无穷的,予人玫瑰,手有余香,帮助他人,照亮他人,温暖他人,释放自己。

## 师长寄语

　　希望同学们常怀感恩、乐观包容。感恩是中华民族的传统美德。古诗云,谁言寸草心,报得三春晖。人生的价值因感恩而升华。感恩父母、感恩老师,今日之收获是父母的养育之恩、老师的教育之情的结果;感恩单位、感恩同事,营造和谐的工作环境,才能取得事业的进步;感恩国家、感恩社会,坚定中国特色社会主义的理想信念,才会有前行的不竭动力。对美好事物感恩比较容易,我更希望同学们即便遇到委屈和挫折,也依然心怀感激,而这就是人生成长中必经的历练和必须学会的包容。不因挫折而抱怨,不因伤害而怨恨,坚持正确的价值观、人生观。我相信,精彩的人生必定属于常怀感恩、乐观包容的人。

## 第 41 条　真心为无私奉献的人鼓掌

雷锋、焦裕禄、孔繁森、郭明义、周丽娜……有那么一群人,他们为别人着想,无私奉献,不求回报。他们的存在,让社会多了人情的温暖,让社会充满了爱。

作为当代大学生,国之栋梁,我们要向这些英雄、模范学习,但我们不可能每个人都做到轰轰烈烈、惊天动地,也不可能去复制雷锋、焦裕禄等英雄、模范同样的人生轨迹。那么我们应该怎样去做呢?我们要有一颗友爱之心。我们每个人不管对社会、对他人奉献的是什么,归根结底是出自我们的爱心。只要我们每个人都拥有一颗爱心,做一个把奉献当责任的志愿者,把奉献精神传承下去,一人带十人,十人带百人,最后将会凝聚成无私奉献的大江大流,流淌到我们祖国的每一片土地,一代一代地传承下去。通过我们的行动让更多的人参与真心为他人服务的活动,我们要让奉献精神永远熠熠生辉。奉献不是一支短短的蜡烛,而是一支由我们拿着的火炬,我们一定要让它燃得光明灿烂,照亮周围的人。

在高校中也有这么一群人,传承着雷锋精神,无私奉献,不求回报。在支农支教、敬老院之行、绿色回收等活动中,他们用行动传承着雷锋精神。他们就在我们身边,传承和发扬雷锋精神,做永不生锈的"螺丝钉",从身边的点滴小事做起,帮助身边需要帮助的人们,用他们的行动散发光芒。

　　燕京理工学院四川支农支教先进事迹先后被中国教育电视台、中国教育报、河北日报、中新网、光明网、中国党刊网、中国网、河北新闻网、廊坊都市报等各级各类媒体报道,成为民办高校乃至全国高校践行使命与担当的楷模。

## "十年支农支教路"践行高校使命与担当

### ——燕京理工学院四川平南

　　汶川地震十周年之际,5 月 11 日,燕京理工学院举办四川平南"十年支农支教路"图片展、事迹宣讲会,邀请了曾参加汶川大地震救灾援建的师生代表,一同回顾了十年来在河北廊坊对口援建地——四川省绵阳市平武县平南羌族乡支农支教的经历和感受。

　　2018 年 4 月中旬,燕京理工学院师生一行 15 人再一次走进四川平南,开展了丰富多彩的支教、支农和惠民活动。电子琴、足球、朗诵、英语等课堂打开了学生们的眼界;学校雷锋连团队设立教育扶贫基金,将通过绿色回收活动获得的近 3 000 元现金资助给当地贫困学生;学校组织电子商务学生实地调研,继续开展"互联网+特产"的网络营销支农活动。

　　2008 年 5 月 12 日 14 时 28 分,四川汶川发生里氏 8 级大地震,举世震惊、举国悲痛。国难当头,燕京理工学院(原北京化工大学北方学院)立即行动,捐款捐物,支援灾区人民抗震救灾。震后两个月,余震未平就启动了灾区支农支教工作,至今已历时十年,风雨无阻,从未间断。十年支农支教,师生目睹了震区翻天覆地的巨大变化,深刻地感受到了党的伟大和中国特色社会主义制度的优越性,进一步坚定了对中国特色社会主义的道路自信、理论自信、制度自信、文化自信；震区人民不畏艰难、重建家园的巨大勇气和不屈不挠的奋斗精神，坚定了同学们好好学习、立志成才的决心。

### 国有难，举身赴之，与灾区人民共克时艰

地震发生后，学校立即启动了为震区祈福和募捐活动。2008年5月16日，学校理事长、党委书记吴保德同志将捐款支票交到河北省教工委书记、省教育厅厅长刘教民手里。据报道，学校首批捐款达108.3万元，成为河北省教育系统对地震灾区捐款数额最大的一笔。

学校捐款108.3万元后，募捐活动及抗震救灾仍在进行，广大师生积极响应，慷慨相助，先后为灾区捐款捐物累计220余万元，以实际行动支援灾区人民抗震救灾，与灾区人民共克时艰。

### 重承诺，做重建者，支农支教路传承十年

震后两个月，燕京理工学院雷锋连党支部倡议发起，学校批准，组建"情系灾区 爱撒平南"四川汶川地震支农支教实践团，由学校师生一行10人，冒着余震赴河北廊坊市对口支援重建的四川平武县平南羌族乡，开展支农支教活动。坚持十年，历史使命从未间断，与震区政府、学校和人民结下了深厚的情谊。

2008年7月13日，实践团经过近40个小时路途颠簸抵达余震不断的平南羌族乡。志愿者们来不及休息，徒步六七千米山路来到华光村一农户家中，拼上三张桌子，召集全村26名小学生为他们补习因地震未完成的课业。平南羌族乡中心小学因地震遭到损坏，学校随即拿出2万元现金购买课桌100套，同时在相距近百里的4个村子里设置巡回支教点为孩子们补习功课，及时对孩子们进行了心理疏导和游戏减压。志愿者们冒着余震、滑坡的危险，翻山越岭，深入农舍，走访慰问灾民280余人。

这一坚持,就是十年。学校每年暑期都组织的支农支教活动,形式越来越多样,内容越来越丰富,成效也越来越显著。在支教方面,从2008年补习语文、数学课程开始,2010年增加英语、美术、手工课程,2012年增加音乐、舞蹈课程,2014年增加法律、武术、足球、篮球等课程。2015年开始,实践团队开通"互联网+在线课堂",突破了时间空间限制,建立了长效支教平台。2011年、2014年,实践团带小学生们走出大山开阔视野,来到北京,完成了看天安门、游故宫、爬长城、和外国友人合影、在大学校园学习等许多的人生第一次。在支农方面,实践团响应国家精准扶贫号召,打通了一条"互联网+特产"的网络营销之路,把平南的香菇、茶叶、蜂蜜、腊肉等土特产推广、销售出去,切实提高平南人民的经济收入水平。

**共筑梦,成奋斗者,大学生致富山乡升华自我**

斗转星移,平南羌族乡,这个曾经遭受地震灾害摧残的贫困山乡,也已经发生了翻天覆地的变化,踏上了致富奔小康的康庄大道。2014年,学校长期对接支教的平南羌族乡中心小学挂牌更名为平武苏维埃红军小学,小学综合考评成绩也从地震前的全乡末位跃居全乡第二名。实践团开展的"互联网+特产"的网络营销活动,第一年销售收入就超过万元,当地农民尝到了互联网带来的实实在在的甜头。

参加平南支农支教的大学生们大多已经走向社会,成为各行各业的中坚力量,支教小学孩子们的人生理想也从"放猪放羊"变成了"走出大山",有的已经步入大学。在余震中带队开展活动的指导教师刘鹏飞,从一名普通的学生辅导员走上学校重要领导岗位;学生志愿者粟臻毕业后即从事教育工作,现任职中南林业科技大学涉外学院学工部副部长;学生志愿者焦岩策,现在是中国社科院在读博士研究生。

学校领导介绍，十年平南支农支教，使学校和全体师生进一步意识到大学和大学生肩负的社会责任，是燕京理工学院宝贵的精神财富和德育工作品牌，起到了良好的示范作用。此举不仅是燕京理工学院对社会的贡献，更是河北省高校对社会的贡献。

**凝精神，立德树人，民办高校释放新动能**

十年支农支教活动基本形成了以开展支农支教、志愿服务为主要内容，以弘扬伟大抗震救灾精神、雷锋精神、红军精神为主要基调，以培养大学生爱党、爱校情怀和国家责任为主要育人导向的特色文化和精神。燕京理工学院汶川地震十年支农支教路已成为恪守情系灾区爱撒平南，弘扬伟大抗震救灾精神的长期坚守；成为秉承服务人民奉献大爱，践行新时代雷锋精神的不懈坚持；成为延伸红军小学红色教育，发扬前仆后继英勇奋斗红军精神的重要实践；成为主动创新思想改变面貌，献身教育事业扶贫大业的坚强助力；成为坚持立德树人实践育人，培养大学生爱党爱国情怀和国家责任的持续行动；成为敢于勇立潮头竞逐时代，建设美丽中国实现伟大复兴中国梦的接续奋斗。

"燕京理工学院汶川地震支农支教活动将坚持不懈地做下去，持久参与并见证平南地区震后二十年、三十年乃至数十上百年的建设发展。"燕京理工学院党委书记李建英介绍。今后，燕京理工学院不光每年暑期过去开展活动，还将根据国家精准扶贫号召，通过"互联网+在线课堂"公益辅导课、"互联网+特产"网络营销等形式，建立常态的线上互联互通模式，打造一种"点线面"结合的新时代支农支教模式。

燕京理工学院举办国际大学生时尚设计盛典，开展千人进社区志愿服务活动,排演全国大学生艺术展演一等奖作品《水下除夕夜》等,与汶川地震十年支农支教路一样,都是传承中国人民的伟大创造精神、伟大奋斗精神、伟大团结精神、伟大梦想精神的最好例证,是对习近平总书记对青年提出的"要爱国、要励志、要求真、要力行"四点希望的最好响应,是立足社会主义新时代,不断创造释放民办高校新动能的最好实践。

燕京理工学院扎根中国大地办大学,始终坚持办学正确政治方向,大力建设高素质教师队伍,构建高水平人才培养体系,致力于培养德智体美全面发展的社会主义建设者和接班人。

——摘自河北德育公众微信号 2018 年发布

## 第 42 条　参加一次帮助别人并感动自己的公益活动

当我们坐在教室里上课的时候,有一些灾区的小朋友因为不能上学而伤心哭泣;当我们看着衣柜里的衣服不知道该穿哪件好的时候,灾区的小朋友正穿着打着补丁的衣服冻得瑟瑟发抖;当我们挑剔食堂饭菜不合口味的时候,灾区的小朋友正摸着咕咕叫的肚子挨饿。

老吾老,以及人之老,幼吾幼,以及人之幼。这句在中国传诵了几千年的名句,也是对当今公益活动最好的诠释。公益活动的开展弘扬了社会文明新风,促进了团结友爱、诚实守信、助人为乐的良好风气的形成,同时也帮助我们大学生在实践中提升能力、实现价值。

如果说人生是一本书,那么大学生活就是书中最美的诗篇。大学生如果不参加一次帮助别人并感动自己的公益活动,怎么能算完美?

公益活动让我们走出象牙塔,接触社会,为他人付出的同时,也使自己的世界观、人生观、价值观得到升华。予人玫瑰,手有余香。作为一名公益活动志愿者,自己的爱心和付出让他人得到关怀和帮助,能使他们感受到社会大家庭的温暖,那么我们的努力就有价值,我们的工作就有意义。看到我们的努力使他人绽放笑颜,是我们最大的快乐。

公益活动是为适应时代呼唤和社会需求应运而生的,开展公益服务活动,不仅可以倡导良好的社会新风,还能提高我们的道德素养和科学文化素质,帮助我们早日成为中国特色社会主义的合格建设者和可靠接班人。

✒ 志愿者分享

　　经过 28 个小时的火车车程和近两个小时的崎岖山路抵达四川省绵阳市平武县平南羌族乡时，我整个人都感觉散了架。

　　可看到等待我们的孩子时，突然觉得一切都是值得的，那种期盼的眼神我永远也忘不掉。

　　印象最深刻的是我们支教的小学余震不断，暴风雨中全校停电。我们举着手电筒进行备课，精心准备，就是想上好每一堂课，因为孩子们风雨无阻的坚持和求知欲感动着我们，也让我们学到了很多东西。

　　我觉得参加支农支教活动非常有意义、有价值，帮助了别人也提升了自己。

公益活动志愿者　焦岩策

# 有感恩之心之人文情怀

我们离开曾经生活、成长的故乡，来到大学所在的城市。

刚进入大学，对我们来说，一切都是陌生的、未知的，也是充满好奇的。时光匆匆，大学四年一晃而过，其间会留给我们许多值得回忆的东西。珍惜大学四年美好时光里的人、事、景，这将是我们一生中最美好的回忆。

只有到了大四要离开的时候我们才会明白，学校已经成为我们的第二故乡，四年的时光将我们和这所学校、这片天空紧紧地连接在了一起。无论将来我们走到哪里，都走不出心中那片美丽的校园，忘不了那些可敬的老师、那群可爱的伙伴，这终将是我们一生中最难忘、最珍贵的经历和回忆。

## 第43条　有故乡情结，感恩故土的滋养

故乡养育了我们，是我们曾经生活、成长的地方，无论我们走多远，无论我们在哪里，说话的口音变了，生活的习惯改了，但故乡这个词，却深埋心中。如今，离开故乡来到学校所在的城市，在异乡上大学的我们，第一次体会到了对故乡的思念，常言道"每逢佳节倍思亲"，逢年过节时思乡之情油然而生。

班里的同学来自全国各个城市，我们的语言、性格、情感、生活习惯，都深深地烙上了故乡的印记。故乡是无法选择的，无论是贫瘠还是富饶，都是我们的家，我们的根。故乡的影子将始终伴随我们，成为我们一生的牵挂。

五千年中华文明让"籍贯"成为我们世代相牵的情结。"籍贯"这个词虽然感觉时光久远，但我们并不陌生，因为我们填的许多资料中，总有这么一个选项。籍贯是指祖先、祖辈的长久居住地。虽然我们或我们的父辈已经离开故乡很久了，但是祖辈对我们的影响还很深远，包括家风和故乡的一草一木。即便记忆在他处，但故乡已和我们紧紧联系在一起，我们的身体里、骨子里也早已打上了故乡的印记，我们的周围深深地浸染着故乡的气息。

我们要感恩故乡的滋养，是故乡养育了我们，成就了我们的梦想。当我们在异乡奋斗，感到身心疲惫时，总会想到故乡，想回到故乡歇歇。当然，感恩故土的滋养，并不能只靠言语的表达，更在于行动的支持，我们要用我们学到的知识，尽自己的绵薄之力来带动故乡的发展，让我们的故乡变得越来越好。

✎ 案例分享

陈琼,中南大学毕业,湖南省衡山县白云村大学生村官。

大学毕业时,陈琼毅然放弃老师推荐的外企工作选择回到自己的故乡,他说他要用先进的理念给故乡带来新变化,他要带领全村人脱贫致富。

作为村主任助理,他没有编制,也不属于村干部班子;没有权力,也没有队友。

刚开始村里人不支持他,他不被村里人理解,大家都认为他是毛头小子愣头青。他曾有过单枪匹马的无力感,但他从未想过放弃,一次次跌倒了爬起来再继续,最终通过自己的努力带领全村人走出贫穷,成为村里致富的英雄。

我们相信,陈琼是用他的先进理念和实际行动感恩故乡的养育。

## 第 44 条　珍惜大学四年里美好的人、事和景

　　刚进入大学,对我们来说,一切都是陌生的、未知的,也是充满好奇的。我们会新认识许多人,帮忙搬行李的学长学姐,来自五湖四海的舍友们,关心我们成长的辅导员,还有给我们传授知识的老师们,这些人组成了我们未来四年大学生活的点点滴滴。大学的第一堂课是军训,军训是辛苦的,但是我们却是欢快的。有烈日曝晒,也有和同学们更加熟识的欣悦;有满身汗水,也有方队越加整齐而带来的成就感。军训是累并快乐着的。大一是新奇和迷茫的一年,大二是努力拼搏的一年,大三是选择人生方向的一年,而大四则是我们准备就业,同时也是我们将要分别的时候。

　　时光匆匆,大学四年一晃而过,其间给我们留下了太多回忆。激情迸发的校运动会,为能在教室占座,中午也不休息的疯狂,为能学会那些与高中完全不同的大学知识的绞尽脑汁,周末在图书馆度过一天的安逸,期末考试最后一周的背背背和记记记,这些事以及见证过这些事的人,等到毕业后就很难再出现在我们的生活中了。

　　启航大道边的梧桐树,见证着我们打着伞、踩着黄叶、踏着雪从它身边走过。雄伟的教学楼,大气磅礴的图书馆,清澈明亮的人工湖,树林中曲径通幽的林荫小道,校园里的每一个角落都留下了我们的足迹,或许还有个"谁"陪我们一路结伴走过。学校的景色四季如画,我们徜徉其中,任何一棵小树,任何一方草坪,就连四周都是白色墙壁的教室,都会因我们的存在增添色彩。

　　在我们即将毕业离开校园的时候,我们才发现校园的美丽,我们才感受到时光飞逝,想再伸手抓住一些人和事却怎么也抓不住了,剩下的只有

怀念和遗憾。遗憾为什么没多去图书馆看看书,没多到体育馆打打篮球,没多参加校园精彩纷呈的派对、丰富多彩的社团活动以及各种各样的讲座等。现在校园里面的每一项活动对我们来说都充满着诱惑力。校园里的人、事、景都是那么美好,让我们向往。我们好想从大一重新再读一次。

现在想来,人生是一条单程路,永远不可能返航,如果不把美好的回忆留下来,那将会是一辈子的遗憾。所以,我们更应该懂得如何去珍惜青春,把握青春,让青春的梦想在校园的上空随风飘扬。让我们好好珍惜大学四年里美好的人、事和景,在我们的人生中留下这段美好的回忆,让人生不留遗憾。

## 第 45 条　列一张大四毕业体验清单并完成

　　大学四年,我们在一起上课,一起到食堂吃饭,一起拿着水壶去打水,一起在洗澡堂里互相搓背,一起为班级的荣誉而拼搏,一起为迎接期末考试通宵熬夜……太多太多一起参与的事情,让我们成为彼此生活中的一部分。

　　每一年的六七月份,是大学里最伤感的时候,是毕业的学长、学姐们离开校园的时候。在即将离开生活、学习四年的校园时,让我们再做最后一件事:再到教室看会儿书,回忆一下老师上课的情景;再早起排队到图书馆占座上一会儿自习;再到食堂吃一次爱吃的牛肉板面;再和舍友一起认真地打扫一次宿舍卫生;再到辅导员办公室和辅导员聊聊自己的梦想;再到启航大道走走,看看校园里面的花草树木……

　　只有到离别的时候我们才意识到原来我们如此地爱我们的校园,爱我们的同学和老师,校园已经成为我们的第二个故乡。无论我们以后去哪里都将永远和这座校园、这片天空连接在一起。

　　虽然我们毕业离开了校园,但今后我们会以校友的身份时常回学校来看看,回忆我们的青春,回忆青春里面的人、事和景。这片美丽的校园,那些可敬的老师,那群可爱的伙伴,将是我们永远珍贵的经历和回忆。

## 大学生毕业前要做的事

1.不管你曾经多么内向,你一定要在全班面前,认认真真地讲一次话或者唱一支歌。

2.拜访一次你最尊敬的老师,认真地记住一条关于人生的经验。

3.在喜欢的食堂档口认真地吃一次饭,记住学校食堂的味道。

4.在一个太阳还没有升起来的早晨,去操场跑一次步,和大一新生比较一下体力上的差距。

5.下定决心,班集体的活动这次一定不会借故溜走——如果还有的话。

6.很认真地穿一次西装(套装),看看自己和四年前变化的地方在哪里。

7.认真地整理一次自己的书箱,看看这些书是否已全部读完。

8.男生在整理衣柜的时候,记得把你的球衣送给你的学弟,专业书送给学妹,游戏碟自己带走。

9.在校园里,假如有山,请记得再爬一次;假如有水,请记得再游一次。

10.记得留下每一个师生的联系方式,然后把你的新单位的电话给他们。

11.离开学校之前,再剪一次发,让自己崭崭新新地离开,然后踏上新的道路。

12.记得归还你的证件,虽然你宁愿罚钱也要留下你的饭卡或图书证。

13.论文答辩可能是人生当中最后一次课堂作业了,请你认真地书写每一个字。

14.和你一起睡了四年的床,一定要记得和它合一张影。

15.尽可能送每一个你能送的同学,你要明白,他们是你的同学,他们中的某人,也许是你最后一次见的人。

# 有博大胸怀之审美情趣

　　奥古斯特·罗丹曾说："世界上并不缺少美，而是缺少发现美的眼睛。"对美好事物的向往和追求是我们学习、生活中的动力和期待。从壮阔的山水之美，到恬静的田园风光；从"老吾老以及人之老，幼吾幼以及人之幼"的人间大爱，到"临行密密缝，意恐迟迟归"的挚爱亲情；从通往心灵的音乐之美，到使人拍案叫绝的文学之美……

　　生活中的美好是自然和人类社会赐予每个人的财富，关键是我们是否用心去体会、去感知。学会一种艺术的表达方式，提升一种艺术的欣赏能力，可以让我们的生活更加丰富多彩，让我们的个人素养得到提升。

## 第 46 条　提升艺术素养，培养自己的业余爱好

进入大学生活，同学们内心充满了期冀与想象。大学生活很美好，大学生在学习自己专业课的同时，至少应培养一种艺术兴趣来提升审美情趣。

审美情趣多以个人爱好表现，而审美理想又是审美情趣的来源。审美理想的形成受诸多因素影响，这其中包含了实践、思维、艺术素养等。每个人的审美是对客观美的认识和评价，以主观爱好的方式来表达，它既具有个性化，又受到民族文化、时代特征和社会潮流的影响。

科学家爱因斯坦曾在《爱因斯坦文集》中说"兴趣是最好的老师"。当一个人情绪高涨、精神愉悦时，学习兴趣就随之增强，所以培养兴趣爱好，对提高审美情趣有着重要的作用。

培养兴趣爱好一方面有助于自身智力、思想道德及身心健康素质的提升，另一方面可以丰富大学生的课余文化生活，大学生可以通过个人爱好拓展自己的朋友圈。

以音乐为例，赫伯特·齐佩尔曾说过："每个孩子都应该有最基本的音乐教育，而音乐教育是开发人类智力的最好途径。"古今中外众多名人都是音乐爱好者，例如孔子、马克思、列宁等，在他们身上我们感受到了音乐对人的意识和品位的影响。此外，音乐教育对道德品质的培养也有着重要的推动作用。荀子认为音乐可以"正身行、广教化、美风俗"。优美高尚的音乐，可以激励、净化、升华我们的灵魂，培养大学生明辨是非的道德情感和崇高的道德信念。

大学四年光阴荏苒，不要在我们最终毕业时才发现自己什么爱好都

没有。大学生应该多去思考自己的爱好、兴趣,在课余时间提升自己的艺术素养。

## 提升艺术素养的方法

1.相信自己,对自己充满自信。每个人都渴望成功,成功的关键就是要自信。对自己感兴趣的业余爱好加以关注,在生活中不断发现和自己兴趣爱好有关的优秀的人和美好的事物,并不断激励自己,可以提高自己的艺术素养。

2.对自己设置问题,在思考中激发兴趣。深入其中,在自己设置的问题中体会艺术文化的内涵,从而提高审美情趣。

## 第 47 条  用艺术的方式记录社会、自然、人性的美

大学生活千姿百态，能留住大学生活中的点点滴滴是不容易的。校园中的一草一木，拔地而起的教学楼、宿舍楼，还有迎面走来的熟悉的面孔，我们都可以用艺术的方式记录下来。

艺术呈现的方式有许多，比如我们经常见到的摄影、绘画、音乐、舞蹈以及文学艺术作品等，这也从侧面体现出了大学生活的多姿多彩。

学校里一年四季都能看到有同学用画笔记录下大自然的美。春天微风拂面，春意盎然，阳光洒在身上，海棠花成了校园最美丽的风景；夏天一眼望去，一片茂密的树林，给人带来一方恬静；秋日里落叶纷纷，地下泛黄的落叶似乎在诉说着自己化成春泥的故事；冬日里那一抹洁白，仿佛一位公主在翩翩起舞，给冬天带来了一丝生机。

现如今我们这个社会已经离不开的一群人，那就是摄影师。国家大大小小的会议上都能看到他们的身影，他们也第一时间用照片向我们传递出了社会的美。在学校中我们也时常见到学生记者们在为学校的活动做第一时间的拍照记录，通过这种方式向全校师生介绍近期举办的各项活动。

人性美，通俗来讲就是人的真善美，是几千年中华文明中的仁义礼智信、温良恭俭让，是我们平常生活中所提到的助人为乐、与人为善、坦诚相待。在很多文学艺术作品中我们可以体会到作者展现出的人性美。沈从文的小说《边城》描绘出了平凡的美和不平凡的美，都是激励我们努力的榜样。他通过文字的艺术描述爱情、亲情和友情，让我们感悟到要放手去追寻爱，寻找人间的真善美。

　　艺术是一种特殊的表现形式,用艺术的方式记录社会、自然和人性的美,我们会发现身边的一切是那么美好。

温馨提示

　　艺术可以从存在方式、审美方式、物化形式、美学原则、表现方式、媒介角度等多个层面去分类,种类众多,但是无论哪一类艺术形式,都需要我们用心感受、用独特的视角去观察、用自己喜欢的方式去记录、用擅长的方式去表达。

## 第 48 条　进行一次有意义的旅行

安迪·安德鲁斯在《上得天堂　下得地狱——旅行者必须要有的人生态度》中说过这样一句话："我们都是时间旅行者,为了寻找生命中的光,终其一生,行走在漫长的旅途上。"

读万卷书,行万里路。旅行的意义有很多,在享受生活的同时还可以领略到书本中没有的见闻。旅行可以使我们了解到当地的人文风俗,在差异中体验快乐、寻找意义。

当我们对生活不太满意,很久没有笑过又找不到原因时,不妨来一场有意义的旅行。在旅行中,我们可以感受到家人、朋友对我们的关怀和悉心照顾,当我们在阳光下和他们拍下开心的自拍照时,会感到压力、难过、伤心全部都烟消云散了。

大学四年转瞬即逝,一不小心,我们就穿上了学士服。在还没有后悔之前,抓紧时间,来一场探寻他处之美的有意义的旅行吧!

温馨提示

旅行虽好,但有几点需要注意。

1.不耽误正常的课业学习。大学生的主要任务还是学习。当我们感到学习压力大、心情沮丧时,可以利用课余时间,劳逸结合,进行一场有意义的旅行。

2.在出发前做好行程规划。规划好路线可以使旅行更加顺利。

提前拟订好旅行的去处,了解当地特色的饮食和居住环境,可以很大程度上降低同行者之间的意见分歧,也可以有效地节约时间。

3.注意旅行安全。旅行是快乐的,不要因为安全问题影响了美好心情,旅行前要认真学习旅游安全小知识,保护好个人财产。

## 学生案例

### 我的云南之行

当期末考试最后一科考试结束铃声响起时,也是我和家人云南之行开始时。

坐在飞机上,当飞机外面的景象变成白皑皑的雪山时,丽江到了。来到丽江的第一件事就是入住我们提前订好的位于丽江古城的客栈。

丽江古城给人一种怡然自得的舒适感,没有了平常紧张的气氛。

睡到自然醒后,我们跟随客栈的老板出门了。景区的物价相对较贵,在这种情况下有个熟人带路再好不过了。逛了一圈丽江古城,买了一些有云南风俗特点的纪念品,就到了午饭时间。

午饭是在古城中很有名的老店吃的,惊艳不敢说,但绝对不虚此行。

古城的美不是一两句话能描述出来的,还需亲自来到这个地方体会一番。

第二天我们来到了拉市海。不得不说,拉市海真是美到不可描述。在那里我们用相机记录下了我们开心的心情。

听着一首《心花路放》的插曲,我们来到了大理,踏上了环游洱海的旅程。

早早地出发，沿途经过了喜洲、双廊、小普陀、蝴蝶泉等耳熟能详的景点。还路过了许多有当地特色的小村庄，在环海西路上环行，绕过了一面是山，另一面是洱海的环山东路。

站在洱海旁，吹着风，感受着《观沧海》中"东临碣石，以观沧海"的意境。

旅行是短暂的，但旅行带给我们的快乐、温馨是令人难忘的。

在旅行中，我体验了不同的环境、不同的生活方式，让我感悟良多。生活从来都不缺少美，缺少的是发现美的心境。一场假期旅行，让我对未来美好生活充满了更多向往，也让前行的脚步更加坚定。

马雅婷

# 有博大胸怀之家国意识

任何一个人的发展都无法离开国家的发展,祖国的强大是我们变得更好的根基。国家在现代文明进程中的日益强盛,让我们每个人、每个家庭都受益。只有将自己的梦想和追求融入祖国的发展中,跟随时代的脉搏跳动,才能使我们前进的步伐坚定有力。

五千年的灿烂文化是最宝贵的财富,在不断传承发扬中我们不仅能学到更多,更能增强文化自信,对未来也会更加坚定。

## 第49条　在浩瀚的历史中找寻文化自信

文化自信是一个民族、一个国家对其文化价值的肯定和践行，是对文化所拥有生命力的坚定信心。中华民族"文化自信"的深厚根基正是我们优秀的传统文化。新时代的大学生更应该在遨游历史长河的过程中，树立文化自信。

都说中华文化博大精深，五千年的历史文明孕育了数不胜数的精神文化财富：精忠报国的情怀、自强不息的态度、舍己为人的精神、"天下兴亡、匹夫有责"的担当意识、豪放婉约的唐诗宋词、意境丰富的国画、唱念做打都尽显功力的中国戏曲……这些都是富有民族特色的宝贵文化财富，都是在中华民族的优秀文化传统中传承的，又在新的形势下发扬着，不断壮大着中华文化的基因库，增强着文化的底蕴。

国家强大、人民拥有力量、文化优秀是文化自信的本源。我国古代就有了四大发明，造纸术是改变文字载体的一场革命，促进我国文化的发展和传播；印刷术使非"上等人"不能读书的状况大有改观，极大地推进了文明的进程；指南针为世界航海奠定了基础，加强了世界各国的联系，促进了世界贸易的发展。这些都展现了中国传统文化的辉煌，也是我国成为文明古国的重要标志。

我们拥有故宫、长城等见证、记录中国历史的物质文化遗产，也有一大批有生命力的非物质文化遗产，像皮影戏、京剧、杨柳青年画……它们展示着东方文化的独特、优美与神秘，传承发扬了独有的民族精神，代表了中国人独特的精神内涵，让我们获得精神归属感。

我国从古代的泱泱大国，到屈辱的鸦片战争开始沦为半殖民地半封建社会,到中华民族奋起抗争、反对帝国主义和封建主义的双重压迫,到中华人民共和国的成立,再到综合国力日益发展壮大的今天,中华民族的传统文化一直都在传承,从未间断。也正是我们坚持总结历史,从历史中走向未来,坚信中国传统文化的力量,才能拥有今天的事业。文明的继承和发展,文化的弘扬和繁盛,是社会前进、国家强大的内在根基。

浩瀚历史中的种种过往经过时间的沉淀,是祖先赐予我们最可贵的财富,沉淀着我们民族最深层次的精神追求,是文化发展的种子,是我们立足于世界的文化软实力。

在历史中渐渐衍生出的文化传承,浸润在每个国人心中,成为我们每天践行的价值观,支撑并丰满了每个中国人的精神世界。正如习近平总书记所说,中国传统思想文化体现着中华民族世世代代在生产生活中形成和传承的世界观、人生观、价值观、审美观等,其中精神文化已经成为中华民族最根本的文化基因。我们必须要在浩瀚的历史中继续去找寻、认同、创新、发扬文化自信,才能更加有信心、有能力去面对未来。

## 第 50 条　坚定信念，与祖国同呼吸共命运

习近平总书记在同团中央领导班子成员集体座谈时强调："提高团的吸引力和凝聚力，关键是要高举理想信念的旗帜。"为了使理想信念在党的优良传统中不断传承，一定要不断创新理想信念教育的方式和方法，增强青年对中国特色社会主义道路的自觉性和自信心，为实现中华民族伟大复兴的中国梦而努力奋斗。

中国梦是所有中国人的共同理想，更是青年一代应该牢固树立并为之奋斗的远大理想。新时代的大学生作为青年中的先进代表，是我们国家的希望和未来，所以更要不断学习领悟习近平总书记的新时代中国特色社会主义思想，把人生奋斗目标融入中国梦中。

青年对美好梦想的追求，始终紧紧跟随着历史前进的步伐。在革命战争年代，无数正处于青春年华的爱国青年浴血奋战；改革发展时期，无数怀揣梦想、满怀坚定信念的志愿者、科技工作者都是有为青年，他们用奋斗谱写着无悔的青春赞歌；进入了新时代，促进农村快速发展、扎根在基层、让农民受益的大学生村官，到西部、到社区、到农村用知识和爱心帮扶困难群众的志愿服务队，用热血青春守卫国土、投身军营的学子，这些人都是新时代背景下大学生学习的榜样。

新时代的大学生要响应国家的号召，既要努力完成课业任务又要提升理论素养，掌握真才实学，坚持学以致用，努力成为能独当一面、博学多才的国家栋梁。

与祖国同呼吸共命运是我们对自己最基本的要求。一首《国家》，唱出了多少人心中的大国与小家。国与我们是紧紧相连的，国运是最大的

运。十九大报告提出我国社会的主要矛盾已经转化为人民日益增长的美好生活需要和不平衡不充分的发展之间的矛盾,说明我们的党和国家的初心始终是为人民谋幸福,坚持以人民为中心的发展理念。

祖国把希望寄托在新时代青年身上,我们也应心系祖国。有多少学者在国外访问,接触最先进的技术和知识并带回祖国,推动祖国科技学术水平不断向前发展;越来越多的留学生在国外完成学业后也选择回归祖国,为祖国建设发展添砖加瓦。

中国梦是每一个中国人的共同理想,大学生是最有梦想的青年,所以我们更应该树立远大的理想。要不断增强对祖国未来的自信,充分认识到自身的发展要依托于祖国的强大,怀揣伟大梦想,与祖国同呼吸;在行动上把自己的个人梦想与中国梦紧密融合,在内心深处成为"中国梦之队"的一员,与祖国共命运。

### 美文共赏

#### 杰出校友关再泽受习近平总书记亲切会见

2017年9月19日,全国社会治安综合治理表彰大会在北京人民大会堂举行。会前,习近平、李克强、张高丽等会见与会代表。习近平总书记来到代表们中间,同大家亲切握手,并合影留念。在亲切会见的代表中,某高校2011届杰出校友关再泽就站在人民大会堂金色大厅的第一排,激动而喜悦地与习近平总书记握手。

习近平总书记在讲话中指出:"你们身上体现了忠诚的政治品格、真挚的为民情怀、良好的职业精神、扎实的工作作风,你们用辛劳乃至流血牺牲换来了国家安全、社会祥和、人民幸福,不愧为党和人民的忠诚卫士,不愧为平安中国的守护者,不愧为中国特色社会主义的建设者、捍卫者,党和人民感谢你们。"

关再泽同志和其他受此表彰的先进个人一样，都自觉肩负起促一方发展、保一方平安的政治责任，兢兢业业做好发展和稳定的各项工作；都始终把人民群众的安危冷暖放在心上，危难时刻挺身而出、冲锋在前，用鲜血和生命守护千家万户的安宁幸福；都勇立时代潮头，用改革的思维、创新的办法提升社会治理效能，成为破难题、补短板、防风险的实干家；都扎根基层、默默奉献，甘当维护社会和谐稳定的"螺丝钉"。

"关再泽在学习上十分努力，自主学习能力强，而且关心团结同学，同学和老师对他的评价都很高。"关再泽虽已毕业多年，但他的辅导员老师谈起这位受习近平总书记接见的优秀学生，仍记忆犹新。关再泽是中共党员，在校期间担任班长，多次获得"优秀学生干部""优秀团员"等称号，表现十分优异。2011年毕业后，关再泽考上黑龙江省绥化市公安局、市委维稳办公务员，开始他促一方发展、保一方平安的政治责任，兢兢业业守护国家的发展和稳定。他默默奉献，甘当维护社会稳定的"螺丝钉"，很好地肩负起了党和人民赋予的重大职责和光荣使命。

## 第 51 条　善待逐渐老去的父母，学会经营小家

于我们而言,家是什么？ 家是一个温暖而又舒适的壳;家是即使外面的整个世界都在下着雪,走进去却是生机盎然的春天,让你感到温暖的地方。

在你历经了岁月的打磨,体会了世事的无常,能力足够强大到独当一面时,父母正在慢慢老去。这时的家是父母思念的眼神,是无言的陪伴,是你心之所向的归处。

善待父母是中华民族的优良传统。《礼记》这样写道:"故人不独亲其亲,不独子其子,使老有所终,壮有所用,幼有所长,矜、寡、孤、独、废疾者皆有所养。"老有所养不仅是道德、法律对每一个子女的要求,更是所有老人的希望。他们希望自己即便从壮年走向老年,也不会独自在孤独中老去,愿儿孙陪在身边,享天伦之乐。

我们常说"你养我小,我养你老",然而真正在生活中我们常遇到这样的情况,三岁的孩子吃饭时把饭碗打翻父母会觉得很正常,而七八十岁的老人如此情况则会被嫌弃。三岁的孩子被精心地喂养着,七八十岁的老人却会缺少儿女的陪伴。我们在慢慢成长,而父母却在我们的成长中衰老,这时的他们像孩子一样需要我们的照顾。在他们忘记曾经的一些事,忘记了吃饭,忘记回家的路,不会沟通、交流的时候,请耐心对待。这是生命的正常现象,也是上天给我们回报父母的机会,我们应该珍惜。

养儿方知父母恩。将来的某一天我们看着自己的孩子慢慢长大,忽然回头却发现父母斑白的头发,脸上的皱纹,甚至走路时有一些颤颤巍巍。你开始惶恐,是从什么时候开始,父母竟然老了。你开始担心时间过

得太快,你害怕追不上父母渐渐老去的步伐。所以从现在开始,你要抓紧每一分每一秒去陪伴他们,不要等到父母年老体衰时才后悔莫及。

爱不能等,孝不能迟。善待逐渐老去的父母,就是善待明天的自己。

## 美文共赏

### 无父何怙　生我劬劳

下了晚课,在社团9点例会之前,我给家里打了电话,接电话的是父亲。

前一段时间,由于座机不常用,父亲就给撤掉了,母亲没有言语。我知道母亲是不想的,哪怕一个月会白白浪费几十块钱。我想母亲看着电话,就像是在看着我,心会是安稳的。

其实,我也是不想的,因为我不知道该如何与父亲在电话里对白,我更愿意与母亲谈一些家常琐事。父子之间永远怀有一个莫名的隔阂。

接起电话的那一刻听得出父亲挺高兴。寒暄似的说了几句话,父亲突然想起来什么似的,问我:"胃还酸吗?"我怔住了,父亲怎么知道我的胃又开始不舒服了,而母亲也是一头雾水,急急地问怎么了。

父亲郑重地告诉母亲:"他胃不好,十一那会儿不是天天胃酸吗?……"母亲有些无奈,埋怨似的说那是什么时候的事了。

来自父亲的爱总是很滞后,就像这句一个半月之前就应当说出的话。我不明白父亲每天都在想些什么,又有多少时间用来想他的儿子。在家庭担子的重压下,父亲老了许多,好多细微的事情都是母亲在记着。父亲早已记不清我的生日，甚至在某个午后神经质似的突然问母亲我是哪一年出生的。

也是在那一次，我知道了母亲生我后，父亲是多么地欢愉，以至于在吃喜面的那一天父亲抛下所有亲朋好友去别处买树苗，为此惹得母亲至今还在抱怨。满院梧桐也是在那一年成长起来的，只是在二十年后，梧桐因搬家而伐去，我亦因未来而离家。

母亲没等父亲将话说完便把手机抢了过去。我和母亲说了许多，可总是觉得有父亲在身边说话不习惯。座机没有撤掉的时候，我总是在父亲下班之前和母亲在家的间隙给家里打电话，这似乎成了母亲和我之间没有言明的约定。这样做并不是不想念父亲，多数情况下我不敢直接告诉父亲，而是通过母亲问候，要他按时吃药，不要太劳累等。

在我刻意避免正面接触父亲的时候，我仍旧不能避免地为我的老父亲所感动。为此，我不得不又一次提起我第一次高考那年的落榜。

在那个暑假，父亲一方面为自己也曾有过的经历而伤感，另一方面又为我是否复读而苦恼。父亲是开明的，他一贯尊重我的决定，即使他知道我即便决定了也未必就能如我或者如他所愿。我最终还是去了复习班，圆那个我自以为不仅仅属于我的梦。也是在那一年的暑假之前，父亲病倒了，自此也做不得那么劳累的活了。

从那个暑假开始，家里便一直弥漫着一种灰淡的调子，母亲为此忧心忡忡。在短暂的寒冬末尾，父亲开始试图挣脱这种莫名的压抑。我认为，在某种程度上也是由于父亲对我有些许的不信任。就这样，在春天到来的时候，父亲砍掉了他曾经用饱满热情栽种的梧桐，他开始筹划将低矮的小屋变换成高大的水泥房。

在他的儿子面前，父亲一直是坚强的。我一直没有因为年龄和阅历的增长而将父亲看得渺小和不再强大，并且在我越来越明白世事的时候，我由衷钦佩父亲在世俗社会里还拥有那么一种几近纯净的坚持。父亲不会受别人强迫，也不会强人所难，父亲一直在做他自己喜欢做的事情，哪怕在别人看来是很苦很累的活。

可父亲也有无助的时候，看着父亲的低落和茫然，我的心也总是惆怅的。父亲为我做了什么，我记不清了，因为父亲为我做的事都在家门以外。我看不到，自然也就感觉不到来自父亲的爱。可是《背影》里描述的句子，恐怕会是所有儿女脑海里都有过的影子。

在我第二年高考之后，我得到了那一纸录取通知。父亲的欢愉是我能看得出来的，可为此，我也清楚地看到了父亲的苍老和无助。为了一些事情的抉择，父亲似乎失去了他原有的自信，为了我的未来，他变得无助。为此，我只有默默地祈祷，祈祷我的老父亲不会因为我的离开而伤感。无论怎样，在很多事情上，我都遵从父亲的选择。

如今我站在北方这座被家乡人认为是大城市的地方向南遥望，我始终看不到家乡的模样。自从来到这座城市，我就瞬间失掉了方向感，我用手指不出家乡的大概，我只能在地图上看着蜿蜒南去的路影暗自神伤。

无父何怙，生我劬劳。辛劳的父亲从来没有对我报怨过，他用布满老茧的双手将我托举而起。我不敢想象离开父亲我还能够依靠谁。一个人在别处他乡，我逐渐明白了父亲在外为我做事时的处境，儿时无所不能的父亲只是我的臆想，父亲为了我所碰的壁是我一生无法偿还的债。

挂电话的时候，父亲说："熬了大米粥，你也喝不着。天冷了，别忘加衣裳。"手机里传来的嘟嘟声招惹了我的泪腺,转身看见平静的湖面泛起涟漪,涤荡了我的整颗心。

　　后记:日子依旧如流水而过,可是每每给家里打完电话,总有一种重生的感觉。无父何怙,无母何恃;哀哀父母,生我劬劳。我不知道如何告诉我的老父亲老母亲,我是多么地爱他们,我只能用稚拙的文字来描述一些在我记忆里无法抹去的我和父母之间的故事。我也不知道该如何去感激我的父亲母亲,我亦只有在感恩节到来的时候,希望我的祈祷能够给我的双亲带去平安如意。

　　　　　　　　　　——摘自网易博主"铅笔杆子挑江山"2009年原创文章

# 有博大胸怀之命运与共

人类已经成为你中有我、我中有你的命运共同体,利益高度融合,彼此相互依存。每个国家都有发展的权利,同时都应该在更加广阔的层面考虑自身利益,不能以损害其他国家利益为代价。2018 年的达沃斯论坛,也再一次见证了中国智慧的世界共鸣,携手打造人类命运共同体,势之所趋,势不可当。

## 第52条　打开格局，让个人梦融入家国梦

心有多大，舞台就有多大，而你的梦想有多大，你的格局就有多大。要想让自己成为一个有用之才，必须将格局打开，将个人梦想融入国家梦想之中。作为具有悠悠五千年璀璨文化历史的中国人，我们拥有一个共同梦想，就是实现中华民族伟大复兴的中国梦！那是信仰、那是怀念、那是奋斗，哪怕在异国他乡，仍然心系祖国，牢记我们的家国梦。

"中国梦"的本质内涵是实现国家富强、民族复兴、人民幸福、社会和谐。实现中华民族伟大复兴，是中华民族近代以来最伟大的梦想，而中国梦归根到底是人民的梦，必须紧紧依靠人民来实现，必须不断为人民造福。人民之梦当然就是每个中国人的梦，所以，中国梦又是民族的梦，也是每个中国人的梦。

人生如船，梦想是帆，每个人都有一个只属于自己的梦，所有人的梦想汇集起来，就是国家的梦想，就是中国梦。个人的奋斗离不开国家，离不开国家梦的实现。同时，国家梦的实现，特别是中华民族伟大复兴的实现，又有赖于每一个人最大限度地把自己的聪明才智和创造力发挥出来。

如何将个人的理想融入家国梦之中已经成为当今社会每个中国人都应该思考的问题。追逐中国梦，需要实实在在的行动。对当代大学生而言，最实在的行动就是要刻苦学习，增长本领。当代大学生要增强知识更新的紧迫感，既扎实打牢基础知识又及时更新知识，既刻苦钻研理论又积极掌握技能，不断提高与时代发展和事业要求相适应的素质和能力，努力成为可堪大用、能担重任的栋梁之材，以最真实的行动推进中国梦实现的进程。

　　家国梦是中国走向强大的正确指引，是激励我们青年学生团结奋进，努力开辟未来的灯塔。从青年学生做起，从小事做起，脚踏实地，行动中牢记家国梦，打开格局，让个人梦融入家国梦中！

## 师长寄语

　　希望同学们坚守梦想、志存高远。

　　我们有幸生活在这个为梦想而奋斗的时代。习近平总书记在党的十九大报告中指出，青年兴则国家兴，青年强则国家强。每一位青年人都应该自觉树立远大的理想，同时脚踏实地做好自己的本职工作，刻苦钻研，努力提升自己的专业能力，认真学习培养责任担当意识，在实现中国梦的伟大实践中勇做奋进者、开拓者、奉献者，与国家同发展、共进步。

## 第 53 条  爱校荣校，践行命运共同体

　　校园是我们学习的宝地，是我们成才的摇篮。这儿有芬芳馥郁的花草树木，花枝骄白社，竹影映青樽；这儿有默默无闻甘于奉献的老师，春蚕到死丝方尽，蜡炬成灰泪始干；这儿有朝气蓬勃勤奋学习的同学，书山有路勤为径，学海无涯苦作舟。

　　校园生活，是我们最美的回忆。在这里，我们从幼稚走向成熟，从无知走向多识。校园一直伴我们成长，校园为我们铺垫了脚下成功的路。校园是父辈的希望，莘莘学子在母校的呵护下，美好的理想能实现，甜美的梦想能成真。母校有春的温暖、夏的灿烂、秋的成熟，却没有冬的严寒，是母校的浸润，在中华大地上点亮了无数璀璨的明星。

　　大学以博大的精神聚集着从祖国四面八方相聚在一起的学生，大学以其具有特色的思想与知识造就了一批批优秀的人才。日复一日，年复一年，我们的母校将来自祖国各地、不谙世事的青年学生教育成朝气蓬勃的知识青年。老师们尽职尽责、努力工作，见证学生的不断成长、努力学习，成为祖国的栋梁之材。

　　母校也是我们成长的地方。在教室认真听讲，积极讨论，在校园生活中参加丰富多彩的社团活动，通过参加活动学会了自尊、自强、自爱，也学会了对未来生活的美好憧憬。也许未来的道路会曲曲折折，会面对各种各样的人生，但有母校作为后盾，学生们内心坚强，毫无畏惧，一步一步地迈向充满希望的前路。

　　母校给我们提供良好的学习资源，青年学生要取得更多的成绩来报答母校的养育栽培。也许学校还有很多不足，但是绝不允许别人说我们

学校一点的不好,因为我内心深知母校是什么!

母校是什么?母校是你刚来的时候巴不得早点走,可当真你要走的时候又急切地希望能多留一两天……

如果母校是大海,那我是海洋中一朵雪白的浪花;如果母校是草原,那我是草原里一棵平凡的小草;如果母校是高山,那我是高山上一粒细小的尘土。

## 第54条　关心时事，每天浏览国内外新闻

我们生活的社会，每天都在发生各种各样的事情，要随时了解外界发生的大事，只有了解了国际上发生的各种事情，才能更好地建设自己的祖国。

关心时事就是关心我们自己的未来，每天浏览国内外新闻能够让我们的世界观更加坚定和不断丰富。关心时事有助于我们丰富知识面，拓宽学习视野；有助于我们把马克思主义的基本观点应用到现实中，提高我们辨别是非的能力，辨别正确的政治制度；有助于我们了解世界风云变化，响应时代要求，开阔视野，面向世界；有助于我们树立正确的国家观念，维护国家的根本利益；有助于我们增强民主意识，努力创造自由平等和公平正义的环境；还有助于我们提高自身综合素质，提高个人的综合能力。

关心时事是我们践行国家主人翁的一部分。当今世界互联网非常发达，任何一个国家和地区都不可能离开互联网而单独存在。当今国际的竞争与合作日渐频繁，这对每个国家和地区都会有重要的影响。在当代，我们既面临着难得的和平机遇，也面临着前所未有的挑战。我们身在校园，关注新闻，了解我国在国际社会中的地位和政治主张，努力维护我国的根本利益，积极维护世界和平与发展，是我们参与政治生活的重要部分。

# 有吃苦精神之劳动意识

人生就像一场永无止境的马拉松。新时代的大学生不仅要尽情汲取知识的养分，培养自己吃苦耐劳的精神，更要塑造自己不畏艰难、敢于拼搏的奋斗精神，把自身培养成为德智体美劳全面发展的社会主义合格建设者和接班人，中华民族伟大复兴的中国梦定能在当代青年的奋斗中实现。

## 第 55 条　尊重他人的劳动成果

　　道德品质由个体从小养成，所以个体在经历教育过后所体现的世界观、道德观、行为习惯等都对自身起到决定性的作用。

　　当今大学生是国家的储备力量，这些人才毕业后分布在社会各个领域，对整个国家的建设起着重要作用。有耕耘才有收获，有劳动才有成果，任何一种劳动都能创造财富，为社会做出贡献。所以，无论什么岗位都应受到应有的尊重，而我们对待他人的劳动成果更应该倍加珍惜。

　　劳动没有高低贵贱之分，工地上的工人，田地里的农民，七尺讲台上的教师都是劳动者。披星戴月终无悔，为大地美容的清洁工，当大多数人都还在睡梦中时就已经开始清扫街道。在清晨当人们开启新一天的工作和生活，走在空气清新、干净整洁的马路上时，他们却已悄然离去。当然，美化我们生活环境的不只有环卫工人，还有建筑工人，他们一年四季冒着严寒、顶着酷暑，一砖一瓦搭建高楼大厦，纵然他们满身灰尘，但是因他们的存在，城市才能变得靓丽；更有艺术家穿凿而出的塑像，令人神往。寻常事物中即能寻到这些用心血、汗水换来的成果，他们的成果应当受到尊重。

　　尊重他人的劳动成果，不仅是一种美德，更是一种境界。这不仅反映了一个人的道德修养，更是评判一个人道德素质高低的重要因素。孟子曰："爱人者，人恒爱之；敬人者，人恒敬之。"作为当代大学生，我们应当以身作则，尊重他人劳动成果，珍惜来之不易的生活，为社会更好发展贡献自身力量。

　　文明素质的提高并不难，我们应当主动地尊重他人的劳动成果，不乱扔垃圾,随手捡起烟头,校园内的垃圾就会减少很多,校园环境也会变得更加美好;与父母的电话中应多一些关心的话语,表达我们的感恩之情。尊重他人劳动成果有助于提升我们的社会责任感、感恩意识和奉献精神,我们的荣辱意识、是非观念会更加强烈。在和同学相处时应多一些理解、宽容和帮助,我们的相处模式就会变得更加和谐,创造出更融洽的学习、生活环境。这种自律就会避免很多不文明、不礼貌的行为发生。

如何才能做到尊重他人的劳动成果呢? 简单来讲,我们要恪守"己所不欲,勿施于人"的准则。自己刚刚打扫过的宿舍卫生,一定也希望舍友保持干净整洁;自己用心准备的一顿午餐,一定希望得到父母朋友的称赞;自己反复思考后给出的建议,一定希望别人能认真听取。换位思考,我们自己想要得到的,也应该尽量给予别人,自己不想做的事情也不要强加在别人的身上,这是尊重别人也是让别人尊重自己的最有效的途径。

## 第 56 条　把吃苦耐劳当作奋斗的资本

经历过高考的紧张后,远离家长的管教、约束,许多自我管理意识本就薄弱的大学生逐渐失去了目标,失去了方向,同时在学习上也逐渐放松下来,开始沉迷娱乐游戏。在进入大学后,同学们眼界变得广阔,接触的新鲜事物也更多,不知不觉中很容易受到不良消费观念的影响,注重攀比、追求名牌,有的为了买高档消费品而欺骗父母,更有甚者不惜接触"校园贷"以致债台高筑。正因如此,大学生一毕业就失业的说法并不新鲜,许多大学生对待就业没有摆出正确的姿态,贪图安逸,眼高手低,心理抗压能力差。

我们要学会及时改正不良习惯,让自己多吃一点苦,多受一点累,通过观察身边人的良好言行,懂得勤俭节约、艰苦奋斗的重要性,自觉提高自我约束和独立思考的能力。

"吃得苦中苦,方为人上人"。吃苦耐劳是每个人成长过程中应当具备以及锻炼的基本品质之一。吃苦耐劳作为一种崇高的精神和可贵的品质,并不是只有在艰苦年代才需要。这里,要排除部分人对吃苦耐劳的误解。所以,当代大学生不仅要提高个人思想品德修养,而且要积极培养吃苦耐劳的精神。建议大学生在校期间应参加一些有意义的实践活动,锻炼个人意志。

吃苦耐劳精神的养成不是一蹴而就的,而是需要一个漫长的过程,在这一过程中需要自己不断地去努力,去克服种种困难。培养自身吃苦耐劳的良好品格,需要立足于每一日的努力,从一点一滴做起,把吃苦耐劳当作奋斗的资本。

时间总在一念之间流逝,转眼大学生活就要结束,这意味着我们将要步入社会,面临生活和工作的压力。大学是我们心性的磨刀石,利用好它,我们就所向披靡,荒度它,我们就狼狈不堪。相信自己,你所锻炼的这些品质,在以后的日子里都会千百倍地返还给你,不论是现在还是将来,都会是影响你一生的巨大动力,都会是你人生路上的秘密武器。

只有对未来有明确的规划,才能充满奋斗的激情;只有对目标有执着的追求,才能对吃苦耐劳甘之如饴;只有将每一天的埋头苦干化成我们登高望远的铺路石,才能在未来的道路上将奋斗的点滴作为成就自己的骄傲。

我们需要在大学的时光中不断树立、调整自己的目标,用大学的时光为将来打下基础,厚积薄发。吃苦耐劳并不是一件很难的事情,"心中有信仰,脚下有力量",说到底,要有吃苦耐劳的精神,就是要我们有坚定的目标并为之奋斗。

## 第 57 条　做一份兼职，体验付出后的收获

"劳动光荣,懒惰可耻",然而在大学校园里有一些学生由于生活缺少目标等原因会在生活方面产生懒惰、懈怠的情绪。无论是新闻报道还是在校园内实地走访,都能看到一些同学从紧张的高中生活进入略显轻松的大学生活后,逐渐养成了懒惰的习惯,不再像初入大学时那么严于律己。大学生通过参加正规兼职活动能重拾劳动的好习惯,提高自身综合素质,为今后步入社会积累经验。

通过辛勤劳动获得的收入,不仅能够开源节流、减轻家庭负担,还能培养大学生勤奋、实干的习惯。大学与高中是完全不同的两个学习阶段,如果说高中的学习和提高是靠班主任和家长的督促监督,那么大学的规划和进步更多地要靠自身的自觉程度。许多同学在度过了三年紧张的高中时光后,在大学里更容易为自己找借口去放松,但是许多人容易将偶尔的放松当成常态,久而久之就习惯了懒散,很难再重新投入紧张的学习生活中,这对未来的职业规划是极其不利的。而通过一份兼职工作,不但可以让自己更加了解职场,为自身职业规划提供帮助,也能督促自己合理安排时间,更加积极地投身实践活动,有利于增强大学生的行动力和执行力。唯有勤奋和实干,才能让大学时光的学习有实效,让每个人在大学期间不留遗憾。

大学期间的兼职活动,能够让大学生体验不同职业的艰辛。在兼职岗位中,大学生需要体验众多的劳动角色,这些工作能够让大学生一边劳动一边观察,自觉养成关于职业发展思考的习惯,主动去寻求与部门领导和同事之间的沟通,学会如何在工作中解决实际问题。好的教育往往存

在于鲜活的实践中,如果能找到与本专业贴合度高的兼职工作,则对学习大有裨益,可以在工作之际,将课本内容与实际工作融会贯通。

一份兼职带给我们的远远不止一份收入,在大学中我们更加缺乏的是实践经历,缺乏的是如何学以致用,缺乏的是对未来职业岗位的清晰认知,这些往往更需要我们主动去经历、去了解,而一份兼职往往能扮演一座"桥梁"的作用,能够让我们了解到四年后可能会面临的环境。

尝试着做一份兼职,在这个过程之中,大学生会变得更加坚强和独立,不再胆怯,学会承担责任。当毕业走出象牙塔的那一刻,大学生将更加清楚自己要努力的方向,为自己定下合理的职业发展规划,有助于今后的学习和职业发展。

校园兼职有很多,如何选择兼职成为大学生最关注的问题。在选择兼职时一定要记住这些禁忌:不要随便交钱,不要随便跟他人见面,不要相信天上掉馅饼的事情,随时保持警惕性,提高自身防范意识。

# 有吃苦精神之敬业奉献

/YOU CHIKU JINGSHEN ZHI JINGYE FENGXIAN/

　　孟子在《生于忧患，死于安乐》中讲道："故天将降大任于是人也，必先苦其心志，劳其筋骨，饿其体肤，空乏其身，行拂乱其所为，所以动心忍性，曾益其所不能。"人若想成就大业，必要吃遍别人吃不了的苦，做遍别人做不了的事，吃苦不单单是说说而已，要付诸实际行动，更要有持之以恒的精神。

　　但是，我们常常会想到一个问题，我们要怎样？又要如何吃苦？这就提醒我们要学会奉献——以敬业之心更努力地去奉献。

## 第 58 条　乐于在平凡岗位上磨砺自我

　　每个人都是很平凡普通的,但我们要调整好自身心态,放下姿态,脚踏实地地在平凡的岗位上把平凡的事做得更好。不断磨炼能促使人成长,作为一名合格的大学生,就要乐于在平凡的岗位上磨炼自我。

　　学生是一种特殊的"职业",于大学生而言,自己的"工作"就是要认真地去听每一堂课,并在完成课业之后积极地去参加各种社团活动,以此来丰富我们的课余时光,锻炼自己的人际交往能力,培养自己的独立思考意识,用大学时光为自己定下可行的职业规划,这对大学生是一种磨砺,亦是一种挑战。

　　有人说,大学时代可以尽情地疯狂,但实际上务必不要荒废大学时光。大学不同于初高中,在四年后,大学生要面对的便是社会。社会竞争是激烈的,适者生存,不适者终将被淘汰。所以,在大学期间,大学生要不断地被困难洗礼,不断地磨砺自我,提升自我能力,以平和的心态面对社会。在未来,这些经历过的磨砺就如同一座座灯塔,在我们黑暗迷茫又不知所措的时候发出光亮,为我们指明方向。

　　认真对待大学期间的每次经历,每个锻炼自己的机会,在这个平凡的"岗位"上我们才会不断成长。"铁杵磨成针"的故事想必我们都耳熟能详。其实,我们每个人都是那一根根铁杵,经过时间的打磨才能成为锋利的银针。时光荏苒,我们会不断地接受一次又一次的考验:学习能力、表达能力、职业规划能力以及工作求职能力等,"故不积跬步,无以至千里;不积小流,无以成江海。骐骥一跃,不能十步;驽马十驾,功在不舍"。不断积累生活的经验,才能创造出属于自己人生历程的不平凡。

在这个平凡的"岗位"上磨砺,我们会有更加坚定的信念。作为一名大学生,要完成由高中至大学的蜕变,由大一的懵懂青涩过渡到大四的胸有成竹,以最好的姿态去迎接新的人生阶段。就像陀思妥耶夫斯基所说的"只要有坚强的意志力,就自然而然地会有能耐、机灵和知识"。

在这个平凡的"岗位"上磨砺,要学会坚守。坚守其实也是一种磨砺,它锻炼的往往是我们的耐性和韧性,而这些却是大学生最难达到的。其实,磨砺并没有什么,以一种乐观的心态面对它们,那么它们就如同沙粒一般微小。

"路漫漫其修远兮,吾将上下而求索"。乐于在这个平凡的"岗位"上磨砺自我,也是大学生的一种使命。其实,我们每个人都是一粒沙,只有在贝壳中被不断地打磨,才会成为耀眼的珍珠。

## 第 59 条　把奉献当成职业道德的最高境界

任何一种职业都需要奉献精神,这既是做好本职工作的基础,也是职业道德的最高境界,作为新一代大学生,更要懂得学会奉献、乐于奉献、积极奉献。

何为奉献? 在汉语字典上,奉献译为"恭敬地交付;呈现"。这说明,在未来的日子里,当今大学生要学会带着一颗奉献之心,照亮他人的同时也温暖自己,更要以认真的心态去对待自己的任务,把对工作中的"不得已"化为"我愿意"。只有带着敬畏之心去对待每一件事,才会乐于奉献;只有乐于奉献,才能真正地学到东西。

爱因斯坦曾说过:"人只有献身于社会,才能找出那短暂而有风险的生命的意义。"要敢于奉献才会得到回报,就如同只有耕耘后才会有收获那般,大学生要学会奉献,奉献自己的时间、奉献自己的心血、奉献自己的爱心。有了无价的奉献之心,大学生才能在成功的轨道上不断前行,才不会偏离轨道,即便是迷了路,也知道在黑暗中的光源究竟在何方。

"落红不是无情物,化作春泥更护花"。奉献是一种爱,是对每件事不求回报的付出。对于大学生来说,奉献精神常体现在微不足道的生活小事中。比如老师布置下来的课业积极完成;在课余时间里,多做公益活动,奉献出自己的一份爱心;在业余的时间里,尝试着以朋友的身份去融入不同的团体……

把奉献放在生活中的最高位置,就如鱼儿的水、树木的光、生物的空气,犹如生命之花的绽放。奉献是一种责任,是美德之树上迷人不败的花,是心灵田野上最美的风景。

著名的印度大文豪泰戈尔曾说:"果实奉献出它的珍贵,花朵奉献出它的芬芳,而我只想做卑微的绿叶,奉献一方绿荫。"作为大学生要有一颗无私奉献的心;作为积极分子要服务同学、服务老师,要在关键时刻挺身而出;作为学生干部要服务部门、服务学校,要发挥带头作用;作为普通学生更要增强奉献意识、责任意识,维护学校名誉。

奉献精神是社会责任感的集中体现。奉献是一种态度,是一种行动,也是一种信念。予人玫瑰,手有余香。在与他人相处时,或许是一句问候,或许是一个微笑,或许是一个赞许,抑或是举手之劳,都会让人感到温暖甚至欣喜。而常怀奉献之心的人才会真正懂得人生的快乐,心有奉献之念的人才会真正懂得人生的真谛。

奉献精神是一种爱,是对自己职业不求回报的热爱和全身心的付出。对于个人而言,学生不仅要把学业当成事业那样热爱,并从中寻找乐趣,而且要努力地做好身边的每一件小事,认真地对待身边的每一个人,努力地用这份热情去感染身边的每一个人,用无私的奉献编织出美好的蓝图,共同创造充满温暖的美丽校园。

## 第 60 条　参加学生组织或社团并将其当成一份职业

　　无论是在哪个大学,学生组织和社团都是学校不可缺少的一部分。而作为一名大学生,加入一个学生组织或者一个社团都将对大学生活的轨迹产生影响。认真对待组织和社团的活动,将其视为自己的职业,才能从中受益。

　　积极参加社团活动,可以提高自身的应对能力。我们观察学生组织中的同学,看着他们在一些活动现场如鱼得水,在人际沟通、管理运作、统筹分配等方面确实比其他同学更擅长。毕业后,这些人在职场中也能更快地融入工作氛围。只有我们在社团里努力过,成长过,经历得足够多,才能知道自己适合什么,想要什么,需要改正什么。

　　积极参加社团活动,可以发现自己新的兴趣点。当你认真地去做一件事情时,你会发现其中的乐趣。而这个乐趣也许是你未来创业的一个好点子,成为你职业生涯的开始。

　　ofo 的创始人——戴威,是一位北大研究生。他 2009 年进入北大光华管理学院金融系就读本科,加入北大的第一个社团就是北京大学自行车协会,随后和社团其他成员一起去凤凰岭进行了自行车拉练,从此爱上了骑行这项运动。他在之后的生活中经历过若干次长途的骑行,其中超过 2 000 千米的骑行就有两次。2013 年,戴威北大本科毕业,在距离研究生入学还有一年时间时,他选择了去青海省大通县东峡镇支教数学。东峡镇比较偏远,往返小镇与县城的道路格外崎岖,一辆山地车帮他解决了这个问题——这辆车在每个周末往返县城与小镇,也陪伴他看遍美景。"我觉得骑行是一种最好的了解世界的方式"。支教结束后,戴威就回到北大攻读经济学硕士,他开始和朋友酝酿一份"关于自行车的事业",很快,ofo骑游在这个世界诞生——一个深度定制化骑行旅游项目。正是因为戴威加入了自行车协会,他才深刻体验到了自行车的便利,也开始把自己当成职业骑行者,并爱上了这项运动,才会成就他用自行车创业的行动。

积极参加社团活动,可以增强自己的责任心。将组织和社团里的任务视为自己的工作,可以增强自己对它的重视感,每次都会尽己所能地做好它。如果在完成任务时,用一种得过且过的态度做事情,你可能永远都不会得到提升。而将其视为自己的义务,可能就会在潜意识中认识到它的重要性,从中慢慢进步,逐渐培养社会责任感。

大学生参加学生社团活动有助于培养广泛的兴趣、爱好,发挥自己的优势,增强大学生的独立意识,提高大学生的组织协调能力、动手能力以及管理能力,推动大学生就业、自主创业。

# 有吃苦精神之责任担当
## /YOU CHIKU JINGSHEN ZHI ZEREN DANDANG/

　　吃苦奉献，本身就是一种品质、一种责任与担当。中国共产党在长期的革命实践和建设中，形成了吃苦耐劳的牺牲奉献精神，战胜了一个又一个艰难险阻，创造了一个又一个辉煌成就。

　　这种吃苦奉献精神永不过时，当代大学生要保持艰苦奋斗、甘于吃苦的奉献精神。培养吃苦精神，重点是要勇于担当，要有俯身干事的思想觉悟，有敢于斗真碰硬的勇气，能到祖国最需要的地方去。

## 第 61 条　有俯身干事的思想觉悟

在新时代的潮流下,新时代的青年必须承担起社会的重任。我们国家正处于高速发展时期,现在国家正需要大量优秀的人才,我们就是这个时代的主力军。我们必须挺身而出,响应国家号召,为国家贡献自己的力量。想要在未来的头脑战中胜利,就必须在没人看见的地方拼命努力,打好坚实的基础,这样才能紧跟时代的步伐。根深之树才禁得起风吹雨打,只有年少时踏实努力,才有机会走向更广阔的天地。

尼采曾说过:"谁终将声震人间,必长久深自缄默;谁终将点燃闪电,必长久如云漂泊。"想要成就一番事业必须有俯身干事的思想觉悟。我们要承担起当代青年的社会责任,实现自己的价值。对于当代大学生而言,大学是一个小社会,大学是塑造一个人的关键时期,大学期间所做、所学都会对将来有一定影响。大学也是一个人成长的摇篮,只要利用好资源,坚持学习,认真办好每一件事,摒弃浮躁,一定会有所收获,这是人生的宝贵财富,是走入社会时自信的源泉。要以自己在大学期间锻炼出的能力来实现自己的理想。

我们要有为社会无私奉献、俯身干事的思想觉悟,踏踏实实做人,认认真真办事。要在自己的专业上狠下功夫,脚踏实地,敢于面对一切艰难险阻,敢于迎难而上。所有打不倒自己的困难都会让自己变得更强。在进入大学的第一天就规划一下未来,为的是集中精力,将一个领域学好、学精,将来求职时能够有自己出彩的地方,这是面对未来应有的状态。拥有长远的眼光是必要的,因为时代在变换,机遇与挑战并存,成功是留给有准备的人的。如果说树上掉下来一个苹果,那么也只有砸到牛顿的头上才有意义。机遇会平等地对待每一个人，只有俯身干事才能有一天抓住机遇，平时付出得越多，创造的可能也就越多。

不惧困难，冷静面对，分析困难的原因，许多事情不是真的难以解决，而是考虑不全面，分析不到位。面对未来种种困难与挑战最好的解决办法就是把功夫用在平时，这样才能有条不紊，面对一切都有准备。

为了将来能够施展抱负，必须不断学习进步，打牢基础，争做时代的弄潮儿，树立无私奉献的思想，为社会贡献自己力量的同时，发现自己的价值，找到人生的意义。在新时代的社会背景下，不追名逐誉，以国任为己任，成为时代的先行军。

## 第 62 条　有敢于斗真碰硬的勇气

李白有云:"长风破浪会有时,直挂云帆济沧海。"目标既定,在学习和实践的过程中无论遇到什么困难、曲折都不灰心丧气,不轻易改变自己的目标和志向,有敢于斗真碰硬的勇气,如此才会有所成就,达到自己的目的,得到自己想要的东西。

进入大学最主要的一个目的就是学习,学习各方面的知识,完善自己,使自己有能力立足社会,成为对社会有用之人,实现自己的人生价值。要实现这个目的,不可或缺的就是要有敢于斗真碰硬的勇气。那么如何才能让自己面对困难迎难而上呢?

要多锻炼自己的意志,培养自信心。在生活的点滴中多找机会锻炼自己的意志,养成良好的习惯,这样面对压力的时候就会变得很从容。自信心是一个人成长的财富,在日常生活和学习中不断地给自己积极暗示,不要吝啬对自己小进步的表扬。有了自信才会有勇气。在做任何事情之前,也要做好充分的准备,有了充分的准备才能让自己有底气。充分的准备是树立自信的前提和基础。

要想吃苦、能吃苦。吃苦可以让人得到锻炼和成长,不仅是心智成熟,思考问题、看待世界的观点也会发生变化,这样在以后的成长中不管遇到什么问题,都能处变不惊,从容面对。"吃得苦中苦,方为人上人",古人的话总是不无道理的。

对失败进行正确的归因。所谓归因,通俗地讲,就是把某件事的原因归结于什么,是归结于客观还是归结于主观。失败对于某些人来说是不小的打击。然而,没有人能保证成功地完成每一件事情。失败乃成功之母,失败并不可怕,可怕的是找不到失败的原因,进而无法改正,而后造成一次次的失败,使自己屡次遭受打击。只有对失败进行正确的归因,才能使自己有所进步。

学习时所遇到的困难,能使人退缩,也能使人进步。面对困难,面对学习,我们只有有了敢于斗真碰硬的勇气,才能提高自己的实力,提升自己更上一层楼。

我们认为敢于斗真碰硬的勇气是学习中必不可少的东西。法拉第经过 10 年的不断实验终于发现电磁感应定律,在这 10 年中,他要经历多少次的失败,又要多少次爬起来继续前进。只有敢于斗真,敢于碰硬,才能得到一个满意的答案。

## 第 63 条　到祖国最需要的地方去

踏在这片热忱的土地上，温暖踏实，活在这个强大的国家里，幸福骄傲，祖国给予我们食粮，授予我们知识，祖国的发展有你也有我，实现中华民族的伟大复兴，就要到祖国最需要的地方去，为祖国的伟大事业奉献自己的一份力量。

我们爱我们的国家，爱最需要我们的地方。艾青曾说过："为什么我的眼里常含泪水，因为我对这片土地爱得深沉。"是的，我们也爱这片土地，是脚下的沃土孕育了我们蓬勃的生命，年轻的我们，愿意将青春奉献给这片深情的大地。

生如夏花之绚烂，人的一生总该做几件有意义的事情。到祖国最需要的地方去，去当志愿者，去当乡村教师，去当扶贫的干部，为决胜全面建成小康社会而奋斗，为实现中华民族伟大复兴而努力前行。

20 世纪中后期，是中国发展的艰难时期，铁人王进喜、两弹一星邓稼先、基层干部焦裕禄，还有那些到边疆去开荒拓地的人们，他们为了祖国的发展，奉献了自己身上的青春和热血。祖国的发展有他们的足迹，今天的幸福中国，是他们这一代人用汗水铸就的。作为新时代的青年人，我们更应到祖国最需要的地方去，去发挥自己的聪明和才智，为民族的发展添砖加瓦，为祖国的发展注入新鲜血液。

青年一代有理想，青年一代有担当，青年是这个时代的开拓者，是宏伟蓝图的建造者，我们要用青春去守护我们的家园。

到西部去,到基层去,到祖国最需要的地方去。

我带着激情,作为大学生西部计划志愿者来到了新疆维吾尔自治区巴音郭楞蒙古自治州若羌县,并将在这片美丽的土地上开启人生新的征程。

对于从未接触过基层服务的我来说,基层工作的确有些难度,我总是战战兢兢。

直到来到了这里,这里有领导无微不至的关怀以及志愿者小伙伴的陪伴,我逐渐适应了这里的工作和生活。记得刚到若羌,我对县城里的人打招呼,他们虽不认识我,但也非常热情地回应。

在若羌生活的这一段时间,我对这个小县城产生了特别的踏实感。这里没有大城市的喧嚣和浮躁,只有属于小县城的恬静与安逸。

在这里,我找到了基层工作的意义,让这里变得更好已成为我的奋斗目标。

朱文振

# 有创新意识之个性培养

从心理学的角度看,个性主要是指人的心理面貌,而人的全面发展除心理面貌之外,还包括身体素质等多方面的发展。个性培养的最终结果必将促进人的全面发展,而全面发展的结果也必将有利于个性人才的涌现。

个性培养是尽快提高学生素质乃至社会公民素质的有效途径。只有张扬个性,才能创新,才有真正的素质教育的实施。因此,在学生培养过程中,一定要注重将个性培养与创新意识、素质教育有机地结合起来,进而为社会培养出开拓型、创造型的人才。

## 第 64 条　激发想象力，进行多角度思维训练

只有拥有无限想象力，才能拥有全世界。想象力的丰富度决定思维的宽广度，无论是什么职业，都需要具备想象力，想象力决定你的人生边界与高度。

想象力是一种能力，拥有何种程度的想象力，实质上取决于你所拥有的知识水平。西班牙画家戈雅说："缺乏智慧的幻想会产生怪物，与智慧结合的幻想是艺术之母和奇迹之源。"所以没有知识做支撑的想象，就是所谓的胡思乱想。

想象是当你用感官获取了外界信息和数据后，再用自己的思维去创造，你的思维可以通过知识的汲取、时间的沉淀、岁月人事的经历不断地升华。

金庸先生是武侠小说界的泰斗。他的武侠小说有敏锐的政治眼光、政治智慧，不拘泥于某一稳定的结构。他的每一部作品都推陈出新，不仅有引人入胜的情节，过目不忘的鲜明人物，而且还蕴含了对人性和民族历史的思考。金庸先生的写作水平就是在不断进行多角度思维训练，不断激发想象力的过程中积淀的。

金庸先生的阅读量非常惊人，也正是如此，他才有更丰富的想象力。倘若没有接触相应的知识，缺乏引点、缺少启发，很多东西无法想象出来。思想家康德曾言，想象力在认识的活动中要受到理解力的束缚，要受到观念的限制。总而言之，知识的掌握程度是创造力与想象力的基础。

想象是灵魂的眼睛，不仅能创造思维，还能够让你看到更多东西的延展度，能带领我们超越以往的视野范围。"无实物表演"靠的就是演员的

想象力。演员需要想象,去按照自己的理解表达展现每一个人物形象。通过自己的想象去表演,这是演员的基本素质之一。想象的力量强大,往往会让我们获得意料之外的惊喜。

雨果曾说,想象就是深度,没有一种精神机能比想象更能自我深化,更能深入对象,他能让你看见更大的世界,更真实的世界,更真实的自己,更美好的世间。

温馨提示

学会换位思考,学会多角度思维训练,学与思仅仅是一方面,它能让你更正确地去发现问题的本质。对于同一个问题,每个人都有不同的见解与分析,为什么有差异,就是因为思维角度不同。同样是表演死亡,为什么有不同的方式,因为每个人对于人物理解不同,对于生命理解不同,对于表演的想象不同。思维虽来无影去无踪,但它能挖掘潜能,提高智商与情商,改变你的行为素质。

## 第 65 条　注重个性发展，找到与众不同的成长点

当今社会，是飞速发展的时代，人人注重个性发展，展现自我风采，实现自己的人生价值，努力为社会做出贡献，找到自己与众不同的闪光点，在成长的路上散发光彩。

让我们先来论述一个问题：何为个性？个性是指人或事物区别于人或其他事物的个别的、特殊的性质。但是怎么样才能算是有个性呢？是与别人不同，标新立异，异于常人，还是有一些不同寻常的举动，试图引起别人的注意。这些都不是我们想要的个性。个性就是一个人具有的某个闪光点，让人在人群中一眼就能看到你，这才是属于自己独特而有魅力的个性。

当代社会又是如何注重个性发展的呢？比如，某些大公司会定期进行专业培训，以此来进行素质培养，进一步强调个性发展；某些高校会开设一些大学生素质培养的讲座，着重培养大学生的个性发展，塑造属于自己的个性，让每一个人都能找到自己的个性，找到自己与众不同的成长点，在人生的路上越走越远。

每个人都是社会发展的不同体，有的人在音乐方面很有建树，有的人在数学逻辑方面大有作为，有的人在文艺才华方面精彩绝伦，我们每个人都有自己的特长，要找到与其他人不同的成长点。比如，在成长过程中，我们的家人会在我们不同的成长阶段为我们选择各式的培训班，其实这就是在我们成长过程中潜在地激发我们的个性发展。

我们是出类拔萃还是甘于平庸，一切皆在一念之间，要有独立思考判断的能力，而不是从于大众。每个人都是一个完全的个体，注重自己的个

性发展,要有独立思考和判断的能力,找出与众不同的成长点。

　　社会在进步,我们只有不断地完善自己才能紧随社会的发展;社会新兴事物的出现,要求我们年轻一代要有个性;社会竞争压力的加剧,对我们来说是一种考验。个性的发展,对我们进入社会有很大的帮助。只有不断地寻求自己的成长点,为自己规划好职业发展方向,朝着自己既定的目标去努力、去拼搏、去创新改变,才能够找到属于自己独特的个性。

　　面对当下如此快速发展的社会,注重个性发展,找到与众不同的成长点尤为重要,希望大家能努力完善自己,找到自己的个性之处。

## 第66条　展示属于自己的精彩大学故事

积极生活,努力学习,为自己的明天而奋斗,为自己的大学生活绘出一片蓝图。简言之,找到适合自己的生活方式,不仅在生活上会让你有所收获,在学习方面也会帮助你建立良好的习惯,这样才能真正事半功倍。

下面我们来分享来自某高校2016届化学工程与工艺专业优秀校友杨雪红的故事。

在校期间,杨雪红担任班级学习委员,成绩优异,曾多次获得校级奖学金、国家励志奖学金以及校级三好学生、优秀毕业生等荣誉,现工作于中铁十一局集团第一工程有限公司。

有人说,岁月是一本太仓促的书。是的,一千多页就这样匆匆翻过,一千多页承载着我们太多的回忆。2012年,带着一切美好的憧憬,她走进了大学校园,开始她学习生涯新征程。大学自主的时间比较多,她坚持充分利用课余时间去图书馆学习,也经常抽时间参加一些社会实践,努力提高自己的综合素质。四年中,她积极参加各项素质活动,快乐时有人一起分享,悲伤时有人一起承担,她时刻告诉自己要怀有一颗感恩之心,及时为周围的人送去温暖和关爱。大一时,她就开始担任班级学习委员,每到学期结束时,她会主动总结各门功课的重点、难点,并根据课程需求,选取一系列的练习题供同学们复习时参阅。每当同学们遇到作业难题时,她总是第一时间站出来帮助大家答疑解惑。杨雪红的宿舍雅苑610堪称是"学霸级宿舍",宿舍六人一次性通过英语四级考试。在她们宿舍看来,她们能收获如此骄人成绩的秘诀在于舍友间的互相帮助、互相激励和互相督促。影响都是无形的,在每日的朝夕相处中,大家交流经验,整合资源，每个人都收获满满。

除了参加学院、学校活动外，杨雪红还利用寒暑假积极参加各项社会兼职，她发过传单，做过市场调研，在辅导班做过前台咨询等工作。这些零散的社会兼职让杨雪红对自己的未来有了更深刻的思考与感悟，她逐渐认识到了各项工作背后的辛苦，也在社会的打磨中不断调整自己为人处世的方式。在毕业前，通过笔试面试，杨雪红成功获得中铁十一局第一工程有限公司的录用通知，展开了自己另一个身份的序幕。当谈到工作时，杨雪红讲到，刚开始工作时，由于太急于求成，在工作中会出错，当慢慢地调整好心态以后，工作也就越来越顺手，能够很好地处理领导交代的各项任务，也得到了领导的认可。"天行健，君子以自强不息；地势坤，君子以厚德载物"是她最喜欢的一句话，正是这种天道酬勤的精神让人精神饱满、斗志昂扬，有充沛的精力去迎接新的挑战。

以梦为马，不负韶华，不念过往，不忘将来。怀着一颗敬畏之心，踏踏实实工作。合抱之木，生于毫末；九层之台，起于累土；千里之行，始于足下。需要我们一直怀揣一颗学习的心、向前的心。

沙漠中没有一样的石头，树林中没有一样的叶子，天空中没有一样的雪花，每个人都有自己独特精彩的大学生活，就像百米赛跑，每个人都有自己独特的节奏。有的人善于先爆发后匀速，但这不一定适合你，你要在途中找到适合自己的节奏。生活亦是如此，没有谁比谁的办法更好，只有找到适合自己的生活方式，并予以履行，你才会有所成就。

只有我们找出自己的与众不同，并不断去升华它，这样我们的大学生活才会更加精彩。

# 有创新意识之思维突破

/YOU CHUANGXIN YISHI ZHI SIWEI TUPO/

　　创新意识是以思想活跃,不因循守旧,富于创造性和批判性,具有敢于标新立异的精神为主要表现。然而想要有创新意识必须具有突破意识。

　　首先,张开想象的翅膀,想象力比知识更重要,因为知识是有限的,而想象力是无止境的。其次,培养发散性思维,一个问题假如存在着不止一种答案,通过思维的向外发散,可以找出更多妥帖的创造性答案。培养强烈求知欲,我们要有意识地设置难题或者探索前人遗留的未解之谜,激发自己创造性学习的欲望。

　　能够把人限制住的,只有人自己。人的思维空间是无限的。也许我们正被困在一个看似走投无路的境地,这时一定要明白,这种境遇只是由我们固执的思维定式所致,只要勇于重新考虑,一定能够找到不止一条跳出困境的路。

　　因此,思维突破对创新意识的影响可想而知。

# 第 67 条　莫让过去的思维影响当前的思维

　　设想一下,在真空中同一高度释放一片羽毛与一颗铁球,哪个先落地? 相信很多人的答案都是铁球,这就犯了"惯性思维"的错误。

　　在 1589 年的一天,伽利略登上了塔顶,将两个分别重 100 磅和重 1 磅的铁球同时向下抛,在所有人的注视之下,两个铁球出乎意料地一起落到地面上。面对这个实验,在场观众无一例外,个个都目瞪口呆。这个"比萨斜塔"实验,用事实证明了不同质量的物体,从同一个高度坠落,加速度是一样的,它们将同时落地。这就是伽利略闻名遐迩的自由落体实验。

　　惯性思维又被称作"思维定式",是由先前的活动和知识经验、思维方式和习惯等构成的心理准备状态,对后继思维产生倾向性影响,从而使思维活动趋于一定的方向。

　　而过去的思维对我们的影响主要体现在三个方面:一是妨碍我们思维的发展;二是加深我们思维的惰性;三是降低我们解决问题的能力。

　　要克服惯性思维,可从以下几个方面入手。

　　每天要阅读新闻。新闻告诉我们在这个世界上每天发生了哪些事情,并且新闻的时效是很强的,这也保证了新闻提供给我们的信息不会过时。所以这是我们消除思维定式的第一步:"洗脑阶段"。

　　要努力尝试去改变。互联网上的许多信息都是智慧的结晶,所以我们要充分利用这些资源。尤其是在论坛上,几乎每个人都可以表达自己的观点,说出自己的看法,这样,人们才不会管中窥豹,反而是头脑风暴。

　　坚持不断地自我反省。反省自己是不是每天都有接受新的事物、新的观点,自己的方法还适不适合这个时代,是不是已经过时了? 像这样每天反省不但对消除思维定式有好处,而且对高效率地完成工作也有好处。

惯性思维每个人都有,但是如何"避免"旧思想的影响,如何摆脱思想束缚,如何杜绝思维绑架,关键在于自身如何驾驭、如何约束。大学生应正确对待惯性思维,做自己思维的主人。

## 寓言故事

大家在看马戏团表演的时候经常会发现大象被拴在木桩上,但是大家都知道大象力大无比,完全可以挣脱束缚,而它却没有挣脱,反而很安分地被拴在那里,这是为什么呢?

原因非常简单。大象小时候非常调皮,并且玩性又很大,因此人们故意用一条粗的绳子把它拴在一个大木桩上。它曾试图挣脱束缚,但是因为小象的力量太小,始终无法挣脱,慢慢地变得安分起来。当小象长成大象以后,它自己的力量完全足够挣脱木桩,却因为它从小就认为自己的力量比木桩的力量小,因此,它选择了放弃挣脱木桩的念头,安分地被拴在木桩上。

## 第 68 条　提出每个问题的同时拿出更优的解决办法

　　爱因斯坦曾经说过:提出一个问题往往比解决一个问题更重要。是否能够提出与众不同的问题,是一个人是否有创造力的体现。一个善于思考的人,会不断地发现问题,提出问题。由疑而问,由问而思,是积极主动学习的表现;相反,如果提不出来问题,那说明学习得还不够深入。一个学生如果在学习中从没有提出问题,这至少可以说明他的创造思维还没有被真正地运用起来。

　　视角就是思考问题时的角度、层面、线路和立场,而思维视角却是思维在开始时的切入角度。"不要让自己的头脑成为别人思想的跑马场""辩证思维方式存在的前提是认识合理,只有认识合理,辩证思维方式才有可能正确"。从不同的视角去解读,文本的意义会有很大的不同;从不同的层面看,解读的角度又是多元的。扩展思维的视角,我们可以从以下几个方面入手。

　　1.改变事事都顺着想的想法。

　　转换思维由顺变倒。倒着想,这样能够扩展思维的视角。有一位名叫格德的加拿大人,复印时瓶子里的液体被他不小心洒在了文件上,导致复印后的文件变为一团黑。由此,他发明了一种液体,这种液体浸泡过的文件不可以再被复印,这完美地解决了有人偷偷复印机密文件的问题,他也因此成了发明家。

　　从事物相反的方面去想。老子说"反者道之动",蕴含了其辩证思想。说的是作为世界本原、普遍规律的"道",其运动原理可以用"反"字来概括。相反,道会向着自己的对立面转化,最终又会返回自身,即我们常说的"物极必反"。所以,往事物的对立面想往往可以发现新的思路,得到出人意料的结果。

学会换位思考。你可以站在别人的角度,设身处地地去想对方的看法。在探索科学和技术等问题时,你可以改变你的思维模式,多角度思考,从前面到后面、左面到右面、上面到下面等多个角度去分析。

2.转换问题获得新视角。把复杂问题简单化,把生疏问题变成自己熟悉的问题,把不可能办的事情变成能够办的事情。

3.把直接的变为间接的。转换思维的视角,学会把直接的变为间接的,或者退一步思考,或采取另一种路线,或是先采用一个比较简单的问题作为铺垫,为实现最终的目标去创造条件。

## 第 69 条　用自己的创新想法解决棘手问题

前面提到,通过教育引导学生不断地发现和提出问题,再想办法找到最优的解决方案,以此来培养学生的创新意识,而此方法实施的关键在于用自己的创新想法解决棘手问题,通过问题的解决,才会使学生开拓思维视角,扩展创新型思维。

创新型思维指的是以新颖、独创的方法来解决问题时的思维进程,通过这样的思维可以突破一些思维的局限,以超越常规甚至违反常规的方法、视角去思考问题,提出与众不同的方案,从而产生新颖独到以及有社会意义的成果。

创新型思维对我们培养学生、培养优秀人才非常重要。培养创新型思维需要从以下三个方面入手。

1.突出"多"字,训练创新型思维的广度。训练创新型思维的广度,主要就是训练思路广延,使思维向横向扩散。在教学中,要善于引导学生全面考察问题,从事物的联系中来认识事物。

2.体现"变"字,训练创新型思维的深度。训练创新型思维的深度,主要是训练纵向的发散思维,使思维向深处发展。在教学中要善于培养学生洞察客观条件的发展和变化,不受到习惯定式局限,自我调整思维方向,找到解题的捷径。

3.落实"新"字,训练创新型思维的力度。训练创新型思维的力度,可以摆脱习惯性思维的束缚,进入创新意境。在教学中,要善于引导学生快速地由发散变为集中思维,抓住事物的本质,运用新观点和新办法,找到与众不同的见解。

通过上述方法可以培养学生的创新型思维,以养成良好的思维习惯,进而在面对困难与问题时,可以通过创新型思维解决。

### 身边故事

某高校摄影专业学生王超宇借助学校创新创业孵化中心成立了莫瑞工作室,做摄影服务。

起初,工作室"生意"差强人意,常规拍照不受客户欢迎。毕业季期间,他调研发现毕业照需求很大,并且同学们已不满足于简单的毕业合影留念,他们需要的是与众不同、有创意的纪念留影。

因此,王超宇推出了系列创意摄影服务。从最开始给毕业生拍创意毕业照,到"1~4"四年美好瞬间系列,再到为教职工及家属拍摄校园艺术照等,王超宇一步一步通过自己的创新想法把工作室发展得越来越好!

我们在日常的工作、生活和学习中,要善于观察,遇到棘手问题,开拓思维视角、创新手段和形式解决问题很重要。

# 有创新意识之科学精神

　　科学精神是人们在长期的科学实践活动中形成的共同信念，实事求是、求真务实、开拓创新都是科学精神精髓之所在。

　　如今我国正在大力发展科学技术，而科学精神和创新意识是同一事物的两个方面，只有加强培养学生的科学精神才能将培养创新人才的工作做到实处。帮助大学生树立对科学的正确态度，培养大学生实事求是、求真务实的精神，培养大学生的创新思维，学会批判和质疑的精神等都能使大学生获得创造性的发展。

　　没有创新意识，即使具备创新能力，也不一定有创造性活动。科学研究中，如果没有创新意识，科学研究也不会有突破性的进展，因此创新意识是科学研究的灵魂。

　　科学精神主要来自社会实践，而当代大学生既要创新又要实践，所以要从社会实践中不断了解社会从而不断激发创新意识。

　　因此，科学精神不断促进着创新意识的发展。

## 第70条　培养科学精神

在科学技术竞争日益激烈的今天,科学精神一词作为科学的灵魂时常被提出。所谓科学精神就是实事求是、求真务实、开拓创新的理性精神,要坚持以科学的态度看待问题、评价问题,要学会坚持、不怕困难、不辞辛劳、勇于创新。同时科学精神也是人们在长期的科学实践活动中形成的共同信念。

照目前的情况来看,大多数大学生并不完全具备科学精神。明确来说,缺乏科学精神确实不同程度地存在于许多大学生中。主要表现为:部分大学生没有明确的人生追求,没有梦想,缺乏对未来的憧憬;不懂自控节制,浪费时间,并未燃烧起对学习的热情;看重名利,并未树立起正确的人生价值观;过于追求西方历史文化而对中国优秀传统文化了解不够;没有创新意识,缺乏敬业精神,缺少责任感;等等。这些现象急需改变。

我国目前正在大力发展科学技术,因此培养大学生科学精神的必要性是不言而喻的,它是科学技术发展和经济社会进步的客观需要,具有重要的理论意义和实践价值。

✒ *如何培养科学精神*

培养大学生科学意识。培养科学意识,学校要注重校园科学意识氛围的营造,使大学生在浓郁的科学氛围中受到熏陶、培养和锻炼。同时大学生也要注重自身科学意识的提高,在学习和生活中不断锻炼自己的科学意识。

培养大学生实事求是的精神。一方面，要不断推进理论创新和实践创新；另一方面，必须把不断探索的精神和求真务实的态度结合起来，实事求是，脚踏实地。大学生应该少一些虚荣，多一些务实，更应该从实际出发，解放思想，实事求是。

培养大学生创新思维。培养大学生创新思维尤为重要，创新的最大障碍就是无法脱离固有的思维定式或思维框架，要创设有利于创造性产生的环境，营造健康发展的宽松的教育教学环境，扩展大学生视野，激发创新兴趣，促进创新思维。

培养大学生独立思考意识。独立人格、独立精神、独立思考问题的方法对于大学生都尤为重要，是他们学习的灵魂。大学生要学会独立思考，不完全照搬老师的观点，不因循守旧、墨守成规；要敢于怀疑现有答案，提出自己的见解，形成自己判断问题、发现问题、解决问题的思维方式。只有这样，才能使自己获得创造性的发展。

## 第 71 条　把创新意识作为科学研究的灵魂

创新意识是指大学生对于创新的价值性以及重要性的一种认识水平和认识程度,以及由此形成的创新的态度,并且以这种态度规范和调整自己活动方向的一种趋于稳定的精神态势。大学生的创新意识是创造一些活动的先决条件。对大学生来说,没有创造的意识,就无法产生创造需求和萌发创造动机,因此也就无法深入持久地进行大学生创造性活动;没有创新意识,即使具有创新能力,也不一定会有创造性的活动。创新意识不高的人,很难有大的科学研究成果。

随着经济发展,科技日新月异,知识是推动社会进步的唯一力量,以知识为基础的知识经济,越来越受到大家的关注。决定个人命运的主要因素,早已不再是掌握知识的多少,而在于更新知识的快慢、创造知识能力的大小。创新教育是以培养创新精神和创新能力为基本的价值取向的教育,培养学生通过学习找到解决问题的方式,而不只是知识本身。

在科学研究的过程中,如果缺少创新意识,科学研究也不会有突破性的进展,只会停滞不前,因此要把创新意识作为科学研究的灵魂。

## 第 72 条　大学四年学会做"科学中的粗活"

诺贝尔奖获得者巴甫洛夫曾要求他的学生"要学会做科学中出现的粗活"。看到"粗活"这个词有人可能已经有疑惑了,为什么要做粗活呢?我们寒窗苦读十数载难道只为做一些粗重的活计吗? 其实此粗活并非传统意义上的粗活,巴甫洛夫所说的"科学中的粗活"是指在科学研究中要勇于实践研究,以事实讲科学。那么"粗活"对于当代大学生又有何意义呢?

我们认为社会实践活动也是大学生活中的"粗活"。大学生经历了系统的理论教育,有着丰富的理论经验,但大部分人只能纸上谈兵,而社会实践则能够综合地锻炼自身能力,并且能够在实践中发现自身问题及时改正,让自己更好地适应社会,融入社会。古诗云:"纸上得来终觉浅,绝知此事要躬行。"可见,光有理论基础是万万不够的,社会实践必不可少,读了万卷书,更要行万里路。

近年来,创新成为大学生生活的热点话题,万众创新热度居高不下。而创新与实践乃是一朵双生花,两者相辅相成、不可分离,社会实践激发创新思维,而创新思维则需要实践来证明其可行性。

对于大学生来说,就业形势日益严峻,人才市场趋于饱和,这就使得创新创业成为大学生就业中要重点考虑的选择了。国家政策的扶持,学校和老师的支持,家长的帮助,这一系列的有利条件促使越来越多的大学生勇敢地踏入创新创业的道路,并且成功地走下去。如果你的身边也有这样的人,你就会发现,这些人大多有着丰富的社会实践经验,这些经验为他们创新创业打下了坚实的基础,为他们提供了更广阔的思路和平台。

没有人能随随便便成功,任何成功人士的背后都有着不为外人知道的努力和拼搏,而除了努力他们更有着敢于创新、不断尝试的勇气。就拿大家熟知的、一手创建阿里巴巴公司的马云来说吧,现在很多人感叹自己生不逢时,没有遇到马云那样的好机遇,可是当年并没有什么人看好电商行业,又或者是有,但是他们没有做第一个吃螃蟹的人的胆量,所以马云才能够抢占先机,成为中国电商第一人。勇于创新,并将其付诸行动是一个人成功的重要因素。

由此可见,创新与实践对于大学生的重要性。大学生要从社会实践中深入了解社会,为步入社会打下基础,才能更快适应社会环境。作为新时代的新青年,不要墨守成规、按部就班,要勇于创新、敢想敢做、积极实践、突破自我、提升自我,做复合型人才,要成为更好的自己。

大学生要学着做"粗活",主动去做,努力去做,更高更广阔的天空就会等着我们去翱翔。

# 有创业能力之信息支撑

/YOU CHUANGYE NENGLI ZHI XINXI ZHICHENG/

当今世界正处于信息时代。百度百科关于信息时代的描述是计算机的出现和普及，信息对整个社会的影响逐步提高到一个绝对重要的地位。

"工欲善其事，必先利其器"。在信息时代，大学生如何充分利用信息来支撑自己是一个重要问题。具备利用信息来支撑自我发展的能力，是大学生进行创业必然要打造的利器。大学生在提高信息支撑能力的过程中，关键在于如何独立获取信息、对信息进行有效判断以及怎样正确处理信息，为以后的创业奠定基础。

## 第 73 条　掌握独立获取信息的能力

众所周知,大学是人生的关键转折点,更是对自己未来生活做决定的时候。是选择寻一地一处岁月静好,还是要在大城市奋斗打拼,抑或走出国门以世界为舞台实现人生价值,这是我们在大学需要明确的目标。

随着应届生人数的不断增加,大学生就业问题已经是亟待解决的社会问题,在这个大环境下大学生进行自主创业,除了能比就业更好地解决问题,还能让学生更好地实现自身价值。所以大学生提高自己的创业意识,培养独立获取、分析信息的能力就成了当务之急。大学生要想创业,掌握独自获取信息的能力就是其必不可少的技能,只有具备信息分析能力,再根据形势规划未来发展,才能成为优秀的创业者。

大学生应该怎样去获取创业信息呢? 第一,自己要有一颗敢于创业的心,只有这样才能给自己主动寻找创业信息的勇气,才能把信息抽丝剥茧地一点点搜集起来。第二,要多看创业有关的书籍杂志,书中的内容比起零散的知识更加系统,能给你更多的启发。例如很多术语,对于自己来说,可能仅仅是一个听说过的名词,但是书中却有许多详细的记载,拥有丰富的拓展内容,能更好地帮助你理解创业信息。第三,要多关注创业方面的时政新闻,了解最新的政策方针,掌握了第一手资料才能抓住最有利的机会。尤其现在大学有很多优惠条件,可谓是天时地利俱全,只差创业者这阵东风了。第四,大学生想要了解更多创业信息,最好的选择,就是去参与其他人创业的过程,实践才能出真知,只有真正参与过创业运营的流程,才能在自己创业时有效地避免发生不必要的问题。

　　创业是一个充满挑战性的事业,这需要大量的实践。实践创业也就是大学生通过发现和识别商业机会,组织各种资源提供商品和服务,来创造价值。大学生实践创业阶段的主要任务是了解经营知识、把握经营方向和提高自己的商业能力。

## 第 74 条　能对各种信息做出迅速而准确的判断

在新媒体时代，从表面上看，我们貌似可以从任何渠道获得信息，但实际上，这还是一个个相互分割的信息孤岛，很难选择有价值的信息资源。有人创业，是因为听说了"发展文化产业""互联网+"这种信息，这就是"公共信息"，是众所周知的信息，或者说你根本就没有获得信息，只是盲目跟风。那些杂志和网络对你的帮助是有限的，在掌握有用信息的基础上，做出准确的判断和选择尤为重要。

大学生如何才能更好地创业呢？除了自己有一颗想要创业的心，更要学会去判断有效信息。大学生创业者小易，大三那年朋友找他一起创业，他当时很犹豫，后来在经过搜集信息和分析项目的可行性后，决定和朋友一起开工作室。没过多久，在繁重的学业和资金等各种问题的压力下，朋友撑不下去退出了，但是小易就是凭借最初的预判，咬牙挺过了一个个困难，按照制订的计划运转，不仅把工作室撑住了，还发展得越来越好。反观另一个中途放弃的年轻人，只能眼看着许多努力和付出付诸东流。由此可以看出，能够及时准确地判断有用信息，创业就已经成功了一半。

及时判断对自己有用的信息是一个需要不断训练的能力。有意向创业的大学生要做到以下几点：第一，在组建团队时，要判断对方是否适合作为自己的合伙人。创业不是搞社团，志同道合就可以一起玩，它需要真正的能力和技术来支撑运转，只有真正适合的人才能存活下来。第二，尽可能多地搜集创业信息，看得越多你才能更好地判断哪些信息可以为自己所用，为创业打下良好的基础。第三，了解相关的政策方针，以便完美地抓住信息做出有效判断,不白白地错失良机,而且相关的优惠政策也有利于大学生去寻找投资扩充自己的实力。第四,了解自己想要创业的项目所在的行业情况,清楚自己的优势。第五,在正式开始创业之前可以通过模拟创业的方式为创业积累相应的经验,这个模拟的实践过程可以锻炼创业者判断信息的能力,提高创业的成功率。

创业是一种生活方式的选择,是一条充满挑战的路,这条路上充满了风险。作为大学生的我们还很年轻,年轻多彩的人生才刚刚开始,哪怕失败也不会缺从头再来的勇气。所以请别在该奋斗的年纪过早地选择安逸,跳出你的舒适圈去走和别人不同的路。

## 第 75 条　能够准确理解并正确处理班级消息

　　大学生想要走自己的路,创业是一种选择,但是如何才能顺利进行创业呢?

　　拥有解决问题的能力,能让我们在遇到事情时从容应对。这种能力不是一朝一夕之间就能养成,需要长时间的磨炼。在大学期间,处理班级信息是大学生可以训练自己的有效方法之一,每天辅导员老师和班级负责人都会发布很多班级信息,如何正确理解并有效实施这些信息就是对能力的考验了。

　　有创业想法的大学生要有意识地锻炼自己理解信息的能力,要做到看懂信息背后的东西,并结合自身情况针对信息做出对自己有利的安排。比如,辅导员老师发布了答疑时间安排,这就是说可以进行答疑了,很多有心的同学就会默默记住时间、地点,然后准备好自己的问题去找老师请教,毫无疑问这些人在考试中几乎都取得了满意的成绩。而那些对信息视而不见,认为与自己无关的人,显然他们的成绩也就不会那么理想了。是否对班级信息进行有效理解并正确处理,在这一刻造成的结果就天差地别了。

　　在正确处理班级信息的过程中,首先,大学生要积极地获取信息,没有信息谈何处理呢? 在有信息的情况下,再进行合理的安排才是系统性锻炼自己的良策。其次,理解力也是大学生很需要具备的重要能力之一。只有正确读懂了信息的含义才能对信息进行有效的处理,理解偏差只能让事情往糟糕的方向发展。最后,当你获取并且理解了信息之后,就要针对事情进行部署了,在进行时还要思考利弊和效率问题,如何高效并且出色地完成既定目标就是创业者需要思考的问题。准确地做到这三步,大学生在创业的路上就已经迈出了一大步。

同时大学生在创业时最重要的就是要建立具有自己特色的东西,用创意去支撑自己的创业。选择的项目一定要有"根",这是项目生命的源泉,也是使项目活下去的条件。简言之,就是去做"别人没有的、与人不同的、强人之处的"项目。这是某种资源与某种特定需要的联系,也是公认资源的新商业价值。就像共享单车的出现就是把自行车和行人的出行需要联系在了一起,进而引起了巨大的反响,还衍生了许多共享产业。当今时代就是思想解放的时代,所以大学生创业者要善于发现具有特色的商机,先人一步来创造属于自己的特色、自己的价值。这也是大学生在获取信息后如何采取行动的另一种表现。

# 有创业能力之领袖气质

所谓领袖气质，康格认为就是一种个人魅力，包括发掘潜在机遇的能力、敏锐察觉追随者需求的能力、总结目标并公之于众的能力、在追随者中建立信任的能力，以及鼓动追随者实现领袖目标的能力。

培养领袖气质是大学生创业成功的重要保证之一，大多数研究领袖气质的现代学者认为：领袖气质不是与生俱来的特质，大学生是可以通过改善社会技能来增强领袖气质的。尤其是在大学里，我们可以通过接触正能量的人和事来激励自己，提高自己的人际影响力，从而进一步达到增强领袖气质的目标。还可以参加有组织的实践活动来提升自我的领袖气质，以此提高自己创业时的成功率，有效地避免在创业过程中领导力不足的问题。

## 第 76 条　不断被正能量的人和事激励

　　记忆中每次开学都是学生"立 flag"的时候,而这些满怀热情承诺下的目标,有很多似乎总是撑不过一个月就夭折了。为此我特意和学生聊过这个问题,发现原因不外乎就是自己没时间,其他事情比较多等。

　　虽然这些理由看起来都很没有说服力,但是却真的能够让很多学生顺理成章地放弃最初的誓言。归根到底就是这些学生没有对自己毕业之后的去向问题树立坚定的目标,以及周围缺乏正能量的气氛。

　　反观那些被正能量包围的人,他们也曾经萌生过退缩的念头,但最后都撑住了,而且还培养出了属于自己的领袖气质,在毕业后迅速远超其他同学,开启自己的精彩人生。

　　不断被正能量激励有利于提高创业能力,也就是把自己掌握的资源转化为商业价值。被激励的过程中要有自己的想法,可以奇葩,可以怪诞,因为面对激烈的竞争市场,有时反其道而行之更容易获得意想不到的结果。比如生产适合左撇子的学习工具,对他们来说就是很贴心的产品,相应地也就会有市场了。

　　不断被正能量激励有助于坚守住最初的自己。创业是一个很艰难的过程,但自己选择的路跪着也要走完,相信自己守得云开终会见月明。

　　不断被正能量激励的人更容易具有领袖气质,这对创业成功也十分必要。创业就如同品茶,有的人只品出了苦,而有的人却于苦后尝到了甜,你需抓住时代的脉搏,有眼光,会选择,经常和正能量的人交往,去做正能量的事,才能立于不败之地。

阅读延伸

## 大学校友会释放高能量

### 燕京理工学院八届校友聚首北京

中国教育新闻网讯(记者 苏婷) "中国正进行着一场声势浩大的教育改革。在新的、更高的要求下,我们一定要加力、加速度把燕京理工学院打造成高质量、特色化、国际化的大学,让母校成为广大校友的骄傲。同时也希望我们北京分会能成为大家联系的桥梁、合作的舞台、感情的纽带。"12月18日(2016年),燕京理工学院校友总会迎新年茶话会暨北京校友分会成立大会在北京隆重举办,学校副校长、校友总会会长刘元园出席大会,并分享了学校建设发展新成果和对北京校友分会的祝贺。

燕京理工学院建校于2005年,其前身是北京化工大学北方学院。

**选择站在哪里看世界,能够决定人生的高度:每年近七成毕业生就业京津冀,近3 000人选择北京**

"研究性的专利没有价值,我申请的专利都是已经产品化的,更注重专利的产业化过程。"被推举为北京校友分会会长的蒲嘉鹏已经是3项发明专利加身的高级工程师,他对事业目标的定位和追求也相当清晰。从燕京理工学院毕业后,蒲嘉鹏考取中国传媒大学电磁场与微波技术专业研究生,现就职于中科院中科曙光,他的人生选择很大程度上源于对大学的选择,或者说是对大学所处位置的选择。

从燕京理工学院毕业生的就业去向分析,每年近七成的毕业生在京津冀的主要城市就业,其中2016届毕业生在北京的就业率高达57%。据分析,随着京津冀一体化步伐的加快和大北京概念的提出,选择在北京就业的人数比例还会进一步增长。

很多毕业生有一种感慨，叫"选择站在哪里看世界，能够决定人生的高度"。从京津冀一体化规划中即可看出，燕京理工学院的区位优势愈加明显。"位于京津冀一体化的核心区域——燕郊高新技术开发区，一河之隔毗邻首都行政区"等，这已经成为燕京理工学院置身于最发达政治经济体核心的响当当身份。

**建立资源大平台持续服务校友：大学校友会是亲情式的商务联盟，更适合跨界建立合作伙伴**

"大学校友会是亲情式的商务联盟，具有天然的信任感，更适合跨界建立合作伙伴。一个素不相识的人愿意两天就和我签约2 000台空调，原因仅仅是在一个大学里读过书，现在是校友。"参加茶话会的廊坊校友分会会长张印林，对校友总会大力支持建立各区域校友分会感悟很深。北京分会筹备期间，一校友在沟通中得知张印林从事家电行业，两天时间便将其叔叔装修公寓所需的空调订单全部交给张印林。张印林创业6年已经身价千万，他创办的聚龙电器在燕郊大有名气。他对母校长存感恩之心，不仅是因为母校教会了他"四会五有"的"制胜法宝"，还持续为他创业成功提供着更多资源和平台。

燕京理工学院的办学性质和定位，决定了建立区域性校友分会的意义。像大学生在校园里组织老乡会一样，毕业的校友们也都会在工作的地方建立起或大或小的交流圈子。但自发建立的圈子一定程度上受毕业年限、工作性质、学科专业的影响，而由校友总会牵头、区域校友发起、广大校友支持的校友分会，则是空间更大的交流互助平台。

"继承和发扬母校的优良传统与校风，加强同校友之间的联系，增进情谊及合作,践行命运共同体,促进母校的建设与发展。"北京校友分会副会长崔志平在会上公布的章程中,明确了校友分会的宗旨。这也是学院校友总会对建立区域性校友分会的初衷和期望。

**开放性的教育理念让他们胜任了上大学时还未出现的职业:有人主导开发大数据系统,有人整合新媒体赚钱**

2011年毕业进入网易,2013年主导开发网易数据统计系统,2014年主导开发出网易首个大数据个性化推荐系统,2016年晋升网易产品部高级经理,全面负责手机网易网——这是曾就读于燕京理工学院2007级信工专业马骏的工作经历。在他读大学期间,"大数据"实在不能算作一个大众词汇,非一流大学毕业的马骏却胜任了毕业时还未出现的岗位。现任大势能整合营销咨询有限公司总经理的庞文尚也是如此:加入中国直播路演第一平台,涉足企业家教育培训领域,利用最新兴的新媒体赚钱。

马骏和庞文尚的个人成绩虽不能完全归功于他们的大学母校,但与其开放性的大学教育理念不无关联。燕京理工学院"四会五有"的人才培养定位,让会学习、会做事、会做人、会与人共处,有感恩之心、有博大胸怀、有吃苦精神、有创新意识、有创业能力,成为学生进行自我定位和自我价值实现的遵守和追求。

**"北漂"的忙是为兑现在大学"吹"出来的梦想:做北京CBD的一员,努力在北京买房,遇见更好的自己**

茶话会最后,校友们开始分批次合影。细数下来,在北京就业创业的毕业生,多数是在校时十分活跃的主力学生干部。他们或是受地域环境的影响,或因对未来有更清晰的规划,又或仅仅习惯了置身大都市的生活,他们中的多数人置身北京CBD中央商务区,参与其中建设并见证着中国快速变革的发展。

用他们的玩笑话讲，"北漂"的忙是为兑现学生时代"吹牛"吹出来的梦想。他们的奋斗，缩短了实现梦想的时间，拉伸了成就自己人生的高点。和学生时代的努力一样，他们追求事业，努力在北京买房，并且仍旧相信在北京能遇见更好的自己。在北京事业发展良好的 2012 届毕业生崔志平，就带着个人大喜事来参加活动——爱人产检发现怀了双胞胎，得到了熟识与不熟识校友们的祝福。

——摘自中国教育新闻网 2016 年新闻报道

# 第 77 条　在提升人际影响力中增强领袖气质

一项有趣的研究表明,具有领袖特质的人常常能够利用他们的情绪表达能力来激励或影响他人。那些具有领袖特质的人,他们的典型特征就是能够唤起、激励、影响他人的情绪,还拥有吸引他人注意的能力,这在人际交往过程中和在自己人生的发展中都具有极为深远的影响。所以提升自己的领袖气质对提高自己的创业能力十分必要。

创业,是人类最基本的生存方式之一。在聪明的猿猴第一次以人类的姿态站立起来的那一刻起,人类便迈着拓荒者的步伐,走上了创业的路程。而创业其实不过就是找别人想不到的,做别人想到还没做到的事情。在创业的过程中,我们能学习到如何与人沟通相处,如何激发自己的潜能,如何提升我们的领袖气质。因此创业可以潜移默化地提高我们的个人魅力,为我们以后的人生发展添上浓墨重彩的一笔。

领袖气质来自与人沟通,以及唤起和激励他人采取行动的出色能力。拥有领袖气质的关键是拥有情绪交流的技能,特别是情绪表现力。我们在日常生活中可以有意识地去锻炼自己的领袖气质。社会表现力、领导能力、人际关系,以及心理健康的培养等都是领袖气质的重要组成部分。所以人们可以通过改善交流技能和社会技能来增强自身的领袖气质。例如,可以去观察那些生活中拥有领袖气质的人,去分析他们为人处世和待人接物的方式,为培养属于自己的领袖气质树立良好的模板。

聚美优品的陈欧是拥有领袖气质并且创业成功的一个代表,他就善于在提升人际影响力时增强领袖气质。陈欧在大学期间成绩优异且一直在创业,可以说整个大学期间都是满满的正能量。同很多成功人士一样,陈欧还遇到了他最重要的助力——徐小平，正是徐小平给他的投资和正能量，才有了聚美优品的成功，他的故事也一直激励着一批又一批的大学生走上创业的道路。

想要创业就要打破自己固有的想法，以崭新跳跃的思维拥抱世界，更要不断利用自己的知识和文化底蕴完善提升自己的领袖气质。只有把新颖的想法植根于知识中，才能孕育自己独特的人格魅力，进而获得创业的成功。马云曾说过："我本人觉得大学生第一个创业就是把书读好。"他对我们的创业忠告是非常实际的。如今商界中事业有成的马化腾、刘强东等人，他们大多是兢兢业业完成大学学业后创业成功的。正是那份扎实的文化素养使他们有别于其他创业者，具备更为突出的领袖气质，最后成就了属于自己的商业帝国。

创业的能力其实就是一个判断自己处事是否成熟的标志，而成熟很大程度上都体现于领袖气质之中，拥有领袖气质的人在创业过程中即使自己没有过硬的专业技术，也能通过人际领导力征服一大批专业的人才。

## 第78条　进行一次有"员工"的校园创业

对于大学生来说,创业是一项具有挑战性的项目。大学生在创业过程中需要创新和坚持,许多人创业失败的原因大都是失去了对工作的创新和持之以恒的耐性。

大学生在校期间的创业尝试不应以成功或盈利来判断价值,应该以创业思想和行动去评价,应该以创业中扮演的角色去评价。现在的大学硬件设施和生活条件都日趋改善,寝室里的废品也逐渐增多,像学生的旧书、废旧包装盒等用旧的东西,这些东西就像鸡肋一样食之无味,弃之可惜。我们曾遇到一个创业团队,他们就从这个方面出发进行了创业,还做了许多公益。

这群创业者们的决策就是:第一,每天晚上跑一栋寝室楼,收饮料瓶、废纸箱、旧书;第二,在学校人流密集处,如餐厅、超市、寝室门口,设立"捐赠台",呼吁同学们把自己不爱用或用不到的物品公益募捐;第三,发展废品回收业务处,开设一个特别的跳蚤小卖部,在这个小卖部里,全是二手商品,同学们可以现金消费,也可以"以物易物",用塑料瓶和旧书换等价的公益捐赠物品;第四,改变经营方向,把收来的旧书归类后在学校路旁摆书摊;第五,把每周所收购的饮料瓶、废纸、废纸箱等可回收利用品卖到学校附近的废品收购站。

在利润分配的问题上,创业的学生们把所得利润分成了两部分:一部分作为个人用途,用于个人生活,如文具购买等,以减轻家里负担;另一部分作为公益用途,把所得资金捐给贫苦儿童,为他们送上一份温暖。

在这次校园创业中,创业过程都由团队成员自行协调开展,很多事不像当初想的那样顺利,他们遇到了很多问题,其中人员配合和协调的状况尤为突出。

他们发现解决人员协调问题的最好办法就是选出一个领袖,由他统筹分配,其他人执行。他们又经过全体选举,依靠个人经验和视野制订计划,选出了心仪的总体负责人和各项目环节的分负责人,顺利地完成了活动。

团队创业,不仅能让大家明白创业要有一个负责人,而且负责人的领袖气质很重要。此外更为重要的是,团队中每个人既是负责人,也是"员工"即执行者。这种追求利益却不以利益为最终目的的校园创业经历,不失为大学中十分有意义的创业体验。

# 有创业能力之全球视野

全球化是一个以经济全球化为核心，包含各国、各民族、各地区在政治、文化、科技、军事、安全、意识形态、生活方式、价值观念等多层次、多领域的相互联系、相互影响、相互制约的多元概念。培养全球视野是有创业能力的重要部分，以发展的眼光看世界，在全球范围内捕捉创业机会的宏大视野是成功的关键。努力学习各方面知识，使自己具备全球视野。

# 第 79 条　胸怀天下，了解国际准则

面向世界，就要胸怀天下，了解国际准则。

中国青年要融入世界交流的格局，必须适应国际的准则，了解国际社会最流行的关注热点，积极参与国际上热点问题的讨论。

毛泽东曾说过：世界是你们的，也是我们的，但归根结底是你们的。青年是世界的未来。取得成就的人，往往都胸怀天下；名垂青史、为世界做出贡献的名人志士大都广济苍生、胸怀天下。现代的青年人虽然没有到战场上去出生入死，但也要有宏大的志向，胸怀天下，了解国际准则，去承担历史赋予的时代责任。

世界已经改变，并且还在继续改变，中国在世界上扮演的角色越来越重要，中国青年大学生也必将成为未来世界舞台上的重要成员。面向未来，中国青年要具有共赢的世界合作精神，建立新世界交往关系，开创相互尊重、与世界共同进步的时代新路，顺应国际合作历史大势，努力建设自己的国家，让当今世界焕发新时代的光彩。

身处互联网的时代，谁的学习方法先进，谁的学习能力就强大，谁掌握的知识就会多于其他人。丰富多彩的故事每天都在上演，互联网的时代，改变社会以往的习惯，每件事情都可能吸引世界的关注。

以胸怀天下的气魄发出大学生的声音，才能让世界读懂中国。观照世界，就是要胸怀天下，树立全球视野，彰显大国气派。融入国际传播格局，就要适应现在的传播规律，了解国际社会的关注焦点，积极参与国际热点问题的讨论。

修身齐家治国平天下,更应该成为新时代中国青年大学生的理想追求。要实现这一理想,我们只有了解国际准则才能更好地参与国际竞争与合作,才能承担起我们这个时代赋予的责任与使命,才能把握时代发展的难得机遇。

# 第 80 条　着眼全局，以世界为舞台

　　新时代大学生，当着眼全局，以世界为舞台。

　　当今世界发生了重大的变化，互联网科学技术取得了突飞猛进的发展，开放成为我国紧随世界发展的窗口。一切推动国内发展的动力都是源于国民面向了世界，有了发展的方向。在国际交流浪潮的推动下，世界经济得到了快速发展，世界经济一体化的进程快速推进，以经济交流和科技支撑为基础的综合竞争日趋激烈。

　　在当今国际交流频繁的形势下，要有以世界为舞台的胸怀，站在世界的战略发展高度，把个人发展置身于世界发展中，着眼全局，不孤立地看待青年发展的问题，而是把青年发展问题作为世界发展的一部分来考虑。

　　着眼全局，以世界为舞台是时代发展的要求。中国的快速发展离不开世界，世界的大繁荣也需要中国。中国青年要大胆拓宽学习交流渠道，着眼全局，把自己的爱国情怀融入国家建设中。

　　青年是新时代中国走向世界的中流砥柱，着眼全局，以世界为舞台成为新世纪青年大学生最有作为、最为重要的学习组成部分，世界舞台展现出光明前景。

　　以世界为舞台立己达人，能让更多中国青年释放能量。"己欲立而立人，己欲达而达人"的哲学思想，也指引着我们要建立新关系，走出相互尊重、共同进步的新道路，实践互惠互利、合作共赢的新理念，让世界焕发新光彩。一花独放不是春，百花齐放春满园。各国青年要优势互补，在追求国际合作的同时也要顾及其他国家青年的合理要求，在谋求青年自身发展的同时促进国际共同发展。

只有直接参与国际合作与竞争,才能承担起时代赋予的使命与责任,才能把握发展的机遇。当今大学生必须顺应时代要求,尊重世界文明多样性,利用国际交流的资源,积极推动不同世界文明和谐相处。大学生要不断向世界各国学习,努力创造文明成果与世界分享,着眼全局,以世界为舞台推动中国和世界更快、更好地发展。

# 第81条 有一次走出国门看世界的经历
## ——以梦为马 不负韶华

大一活跃在学生组织和学生社团,大二参加英伦大学堂在英国斯旺西大学游学,大三备考雅思瞄准出国深造这条道路,大四成功考入英国布鲁奈尔大学。这位时刻奋进中的学霸就是某高校艺术学院李轶凡。

**我的大学不荒唐**

"都说人生最美好的时光是青春,那青春中最美好的便是这大学四年。"李轶凡在考入大学后,积极参加学生组织和社团活动,经常拿着相机在学校的活动中担任摄像、拍照等任务。他在活动中不但提升了自己的专业能力,同时通过与其他老师和同学合作,提高了综合素质。

李轶凡和他的团队还参加了2015年国际大学生微电影盛典,担任一分钟作品《童心》的摄影。最终,该作品获得大赛的二等奖,成为他大学学习生活出彩的重要例证。

**异国他乡追理想**

"我看过北国风光也见识了南方的曼妙,却还从未领略异国的风姿。"因为在校期间不断参与社会实践活动,李轶凡的视野得到开阔,大二期间就萌生了出国留学的想法。但是因为担心独自在异国生活难免有所不适应,李轶凡对出国留学一直犹豫不决。学校老师建议他通过参加一次海外课堂学习,来真正体验一下国外的生活和学习。李轶凡经过再三考虑参加了英伦大学堂学习。在英国学习的十几天时间里,李轶凡和同学们一起体验了英国高校的课程和学习模式,享受了先进的教学资源和优质的成长平台。这次英国之行，让他真正体验了异国的风情和外国人的友好，随后便决定出国留学，走出国门去外面的世界探索寻求进步。

一个优秀的人不仅会为了让自己变得优秀而付出，也会因为团队的需要而勇于奉献。在海外学习期间，李轶凡勇于担当，所有活动摄影、视频剪辑及制作都被他承包了，为结业典礼制作视频，更是通宵达旦。他的带队教师赵更说："李轶凡同学是一名积极向上、敢于担当的优秀青年。"

**功成名就忆师恩**

如今，李轶凡学有所成，却从未忘记培养他的母校。自英伦大学堂海外学习活动结束后，他参加了雅思考试，并取得优异成绩。学成归来的他成为人人羡慕的学霸学长。他认为能够顺利通过考试，与参加海外课堂学习项目密不可分。正是因为这十几天在英国的生活和学习，在斯旺西大学进行专业的领导力课程的培养，与英语环境的密切接触，才使他的雅思成绩有很大程度的提高，并让他成功拥有进入布鲁奈尔大学读研究生的机会。

在一年一度的高校—高中校长论坛上，李轶凡的母亲分享了李轶凡大学四年的学习历程。李轶凡母亲认为如今李轶凡之所以能取得这些成绩和学校的帮助是不可分割的，老师们及时给李轶凡提供帮助，并给了他一个参加海外课堂学习的机会，才使他获得留学读研的资格。

"知识改变命运，英语成就未来"，这是李轶凡对学弟学妹们的一句忠告。他认为在现代社会熟练掌握好国际化通用语言——英语是至关重要的，无论是否出国留学，掌握好英语都对自己的未来工作有着很大的帮助。

很多高校大力推进国际化战略，在海外投资建设课堂学习基地，让学生享受世界优质教育资源的哺育，也让众多学子获得出国留学深造的机会，为培养具有国际视野的应用型、创新型人才构建了坚实的基础。

# 后 记
/HOUJI/

本书通过理论研究部分的深度挖掘、问卷调查部分的大量数据采集和深入剖析，经过广泛征集、资料查阅、学生座谈等形式，最终形成了以"四会五有"9大核心素养为基本框架，学生发展的4个层次为主要思路，会学善用、德才兼备、个性培养、全球视野等27个基本素养点为支撑的《学生核心素养提升指南》一书，旨在为大学生核心素养提升指明方向，为民办高校学生培养提供方法论的实际指引。本书从理论挖掘、精神内涵的阐述、方式方法和本领技能的提升等方面提供具体指导，并对大学4年具体做法进行详细论述，包含"是什么、做什么、如何做"3个层次，有助于学生理解和接受，对学生大学4年生活具有现实指导意义。

本书从策划到编撰成册历时8个月，编撰过程中得到了诸多领导的大力支持和悉心指导。同时本书也是众多智慧的结晶，得到了许多院校的大力支持，进行了广泛的约稿，邀请了许多老师和同学提供案例，充分交流编写意见。在此，还要感谢白瑞琦、代强、董硕、冯娜、冯泽通、耿怡凡、谷鑫鑫、贺小瑞、侯立伟、侯越琳、胡亚、贾会超、阚冰爽、马辉、马雅婷、孟怡、戚晓思、孙科凡、孙亚男、王露铮、王雨欣、闫茹、张家宝、张伟伟、朱文振等老师和同学，感谢你们为本书提供的各种支持，给予的各种鼓励。

我们对本书充满期待，作为教育工作者，我们是用对待学生的真诚和热情进行编写工作，我们希望同学们能在书中感悟到"四会五有"的深刻内涵，领会到27个核心素养点的重要意义，读懂"81条"提升指南的重要价值。我们也真诚希望本书能为民办高校学生培养提供方法论的实际指引，为新时代人才培养路径探索提供更多思考。

　　本书成书过程时间紧、工作量大,虽然经历数次改编校对,但难免在编写过程中存在不足之处,希望广大读者和专家批评指正并提供宝贵意见,实现作品的不断完善。

编　者

2019 年 6 月